# 鎌倉入門

【日本人の原風景 Ⅲ】

*An Introduction to Kamakura*

Edited by Genjiro Ito and Masayuki Ikeda

かまくら春秋社

ラスコーの洞窟壁画
LASCAUX Ⅱ Cerf-Entrée du Diverticule axial（deer）©SEMITOUR

中尊寺金色堂全景（写真提供／中尊寺）

建長寺三門（撮影／原田寛）

鶴岡八幡宮（写真提供／鶴岡八幡宮）

円覚寺牡丹文前机（重要文化財）円覚寺蔵　© 十文字美信

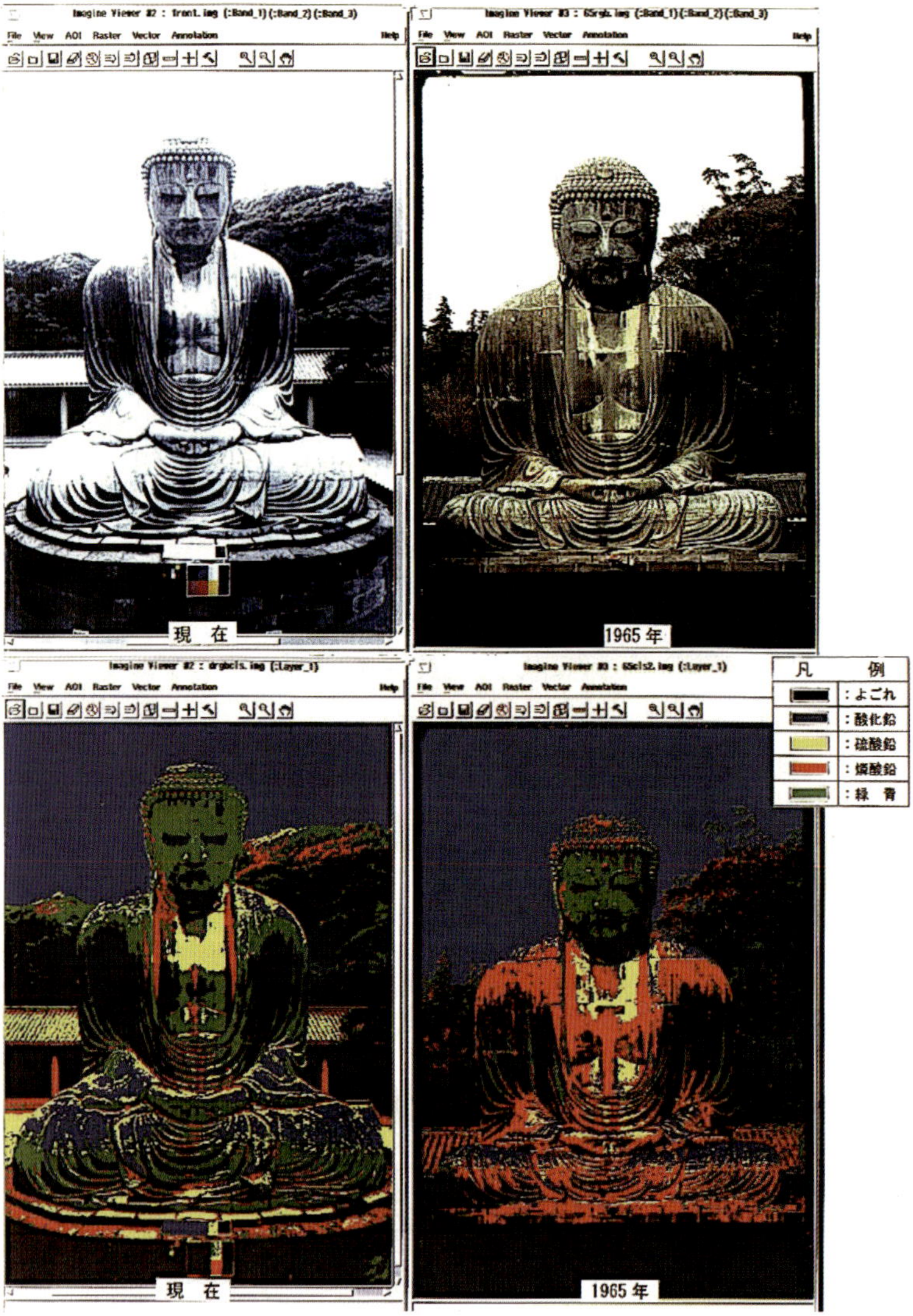


画像処理によって把握された大仏表面腐食状況の経年変化
（東京文化財研究所編 1996 より転載）

# 鎌倉入門

日本人の原風景Ⅲ

装丁／中村　聡

# はじめに

鎌倉の魅力についてよく聞かれることがあります。
鎌倉で生まれ育った私でも一口でそれに答えるのは難しいことです。
鎌倉の魅力について人に聞くこともよくあります。
答えは人さまざまです。
鎌倉の町は多くの抽斗《ひきだし》が嵌《は》めこまれた大きな箪笥《たんす》です。
本書に用意した抽斗はその一部にすぎませんが、
鎌倉という町を知る秘鑰《ひやく》になると編集子は確信しています。

二〇一六年　春

伊藤玄二郎

# 目次

はじめに 7

鎌倉の魅力と世界遺産への道 元文化庁長官・元ユネスコ大使 近藤誠一 11

日本文化の深層 鶴岡八幡宮宮司 吉田茂穂 37

小泉八雲の「鎌倉・江ノ島詣で」を歩く 早稲田大学教授 池田雅之 57

鎌倉文士とその風土 星槎大学教授・鎌倉ペンクラブ会長 伊藤玄二郎 89

鎌倉時代の歌人たち 歌人 尾崎左永子 113

鎌倉の作家とロマンス 作家 太田治子 129

鎌倉にみる近代絵画　東京大学名誉教授　河野元昭　157
鎌倉彫の源流を辿る　鎌倉彫博古堂当主　後藤圭子　183
鎌倉幕府の興亡　鎌倉女学院中等学校高等学校校長　錦　昭江　195
鎌倉の神秘スポットを歩く　鎌倉考古学研究所理事　大貫昭彦　215
日本の礎を築いた鎌倉、そして禅　建長寺派前宗務総長　高井正俊　241
ありがとうの人生　円覚寺派前管長　足立大進　259
鎌倉大仏と研究の「曼荼羅」　鎌倉大仏殿高徳院住職・慶応大学教授　佐藤孝雄　275
あとがき　300

# 鎌倉の魅力と世界遺産への道

近藤誠一

## グローバルスタンダードを知るということ

まず、はじめに、これは実はかなり難しい話なのですが、文化というのはそもそもどういうものなのかについて、簡単に説明いたします。そして、日本の文化はどういう特徴を持っているのか、私なりの考えを述べたいと思います。その上で、そういう日本の独特な文化を世界遺産という、いわば世界のスタンダードとして認めてもらうにはどうすればいいのかをお話ししたいと思います。

現在、これだけグローバル化して、インターネットなどでいろいろな情報が入ってきますが、私たちはどうしても、島国ニッポンというのでしょうか、自己満足的になりがちです。私は、合わせて二十年間ほど外国から日本を見てきて、日本人は未だにそこから抜け切れていないとつくづく感じています。そういう日本人の欠点とも言えるものを正し、より正しく日本の姿を世界にアピールしていくためには、私たちは、世界のスタンダードをよく知らなければいけないと思います。そのような意味で、鎌倉の世界遺産登録について考える際、単にそれによって鎌倉が観光客で賑わうとか、地元の方々が元気になるとか、あるいは経済効果があるとか地域振興に役立つとか、そういうことだけではいけません。鎌倉を世界遺産にしようとするその過程において、どうしたら鎌倉の魅力を、あるいは日本文化の魅力を、世界の人々により正しく分かってもらえるかということを考えなければなりません。

また「世界の人々の目から見たらどうなのだろう」という視点を持つことで、私たちは、鎌倉の、あるいは日本文化の新しい魅力というものに気づくと思います。このようなことは、単に鎌倉が世界遺産になれるかということだけではなく、もちろんそれも大事ですが、日本人が今後、二十一世紀という新しい世紀の中で、どうやって自らの能力を出しきり、停滞気味の政治経済を打ち破って、文化の力を使い再び世界で輝くようになるかを考えていく上で、非常に大切なことではないかと思います。

ラスコー洞窟の壁画
LASCAUX Ⅱ Cerf-Entrée du Diverticule axial (deer)
©SEMITOUR

## 文化の力とは何か

それでは最初に、文化とは何かについて、お話をします。この写真は何かご存知でしょうか。ラスコーという南フランスにある洞窟の壁画です。この洞窟には、一万二千年くらい前に、クロマニヨン人という新石器時代の人類が住んでいました。これはそこの壁で見つかった鹿の絵です。他にも馬などいろいろな動物の絵があります。非常に躍動感があって、素晴らしい芸術作品です。私は初めてここを訪れ、この壁画を見たとき、本当にびっくりしました。まだ氷河期も終わっていない中、寒さに震えながら、また飢えと渇きに苦しみながら、そして色々な野獣の声に怯えながら暮らしていた一万数千年前のクロマニヨン人たちが、なぜこのような躍動的な芸術を創ったのだろうか、という疑問がまず私の中に浮かびました。おそらく人間には、どんなに生活が苦しくても、感動や祈り、感謝、恨み、悲しみといった感情を表現したいという何か根源的なものがあるのではないでしょうか。それと同時に人が表現した感動のようなものを鑑賞して共鳴をする、共感をする、それによってお互いに心が通じあって社会の結束が築かれる、そういう面があるのではないかというのが、私自身の答えでした。

文化と一言で言っても、範囲は広大です。これから、文化というものが、目に見える形で、あるいは身体に感じる形で、どのように表現されるかを見ていきたいと思います。

通常、文化が表現されたものを「文化財」と言います。そしてそれは、「有形文化財」と「無形文化財」に分けられています。「有形」というのは、形があるものです。さらに「有形文化財」は、「不動産」と「動産」とに分けられます。「不動産」とは、目で見えて、動かせないもの。例えば、建物であるとか、お庭、あるいは古墳のようなものです。それは動かすことはできません。それに対して「動産」は、動かせるもの、美術工芸品です。例えば、絵、屏風、彫刻、陶磁器、友禅のような織物など、いろいろありますが、ともかく有形文化財には、このように二種類があります。

次に、「無形文化財」についてです。これは、具体的なモノとしては見ることができないが、何らかの形で表現された文化的価値のことです。目で見たり、手で触ることができるけれども、その価値は、例えば有名な絵のように、それ自体にあるのではなく、そこに表現されているものにあるというものです。例えば、能の舞踊というのは、衣装も素晴らしいし、役者さんも素晴らしいですが、我々が味わうのは表現されているストーリー、あるいは表現の仕方ですね。オペラとは違う、能には能の独特の人生観とか美意識とか、独特の表現の仕方があります。したがって、能の衣装、あるいは能の役者さん自体の価値ではなくて、そこに表現されている能という劇のストーリーや表現方法、その奥にある死生観に価値を見出すわけですね。お神楽《かぐら》もそうですね。獅子頭に価値があるのではなくて、ずっと何百年も、場合によっては千年以上も伝わってきたその芸能に込められた神への祈り、死者への鎮魂、そういうところに価値があるわけです。そういうものを「無形文化財」と呼びます。もちろんこれらは、目に見える形で表現されるわけですが、価値そのものは物にあるのではなく、そこに表現されているストーリーにあるという点で「無形」と呼んでいます。

## 文化の力

さて次に、文化には、いったいどういった価値あるいは力があるのでしょうか。「文化は役に立つのか」という質問が時々なされます。そこで私なりに、文化にはどのような力があるのか考えてみました。文化にはお金がかかることもあります。文化にお金を費やす意味はどこにあるのでしょうか。私は、この疑問に関して、五つの要素を挙げたいと思います。

一点目には、先程のラスコーの壁画のところでお話ししたように、人がなんとか感動を表現するための手段としての意味があると思うのです。別のところでこの話をしましたら、ある有名な学者の方が、クロマニヨン人とその前にいたネアンデルタール人との違いがそれに関係しているとおっしゃいました。ネアンデルタール人というのは、自分の気持ちを表現するのが不得意だったそうです。ということは、お互いにあまりコミュニケーションが出来なかったということになります。相手が喜んでいるのか、悲しんでいるのか、どういう気持ちでいるのかが分からない。そういうこともあって、ネアンデルタール人は滅びてしまったそうです。その後出てきた、クロマニヨン人という新人類にはこの壁画にみられるような自己表現力、その結果としてのコミュニケーション能力があった訳で、我々人間にはそういうクロマニヨン人の流れがあり、それが人間を人間たらしめているのです。

二点目ですが、被災地の方々への芸術活動に表われたように、芸術には一人一人に生きる力、困難を乗り越える力、明日への希望を取り戻させる力があると思います。いろいろな先人たちが色々な分野で色々な表現でそのことを言っておられます。例えば禅の有名な僧侶である白隠《はくいん》禅師《ぜんじ》は、

讃嘆随喜《さんたんずいき》する人は福を得ること限りなし

と言いました。つまり、嬉しい気持ちをもっている人には、幸福が宿るということです。そ

れから『古今和歌集仮名序』で、編者の紀貫之《きのつらゆき》はこう言っています。

力をも入れずして天地を動かし　目に見えぬ鬼神をもあはれと思はせ　男女のなかをもやはらげ　猛きもののふの心をもなぐさむるは歌なり

貫之はここで、歌には大変大きな力があるのだと言っています。この「歌」は「芸術一般」に置き換えることができます。それから、有名な作家のオスカー・ワイルドは、若干皮肉をこめて、次のように言っています。

生存しているだけの人、つまり単に存在しているだけの人は多い。しかし、真の意味で「生活」している人、つまり精神的に充実した生活をしている人に会うことは少ない。

もっと文化の力を身につけろと言いたいのでしょう。単に動物のように生きていくということと違う何かが人間にはなければいけないし、動物とは違う何かを持つことができる、それが人間たる所以《ゆえん》なわけです。しかし、何となく自分の分野である哲学や芸術が好きだからこういうことを言っているのじゃないだろうか、本当に客観的にそうなのだろうかといった疑問が常につきまとうのも事実です。

ところが、最近たまたま分子生物学の専門家が「実は感動することは体にいいんだ」と言っていました。その方によれば、人間が持っている遺伝子のうち使われているのは二パーセントだけで、残りの九八パーセントは言わば眠っているのだそうです。それで、感動したり、あるいは楽しくて笑ったりすると、そのうちの良い遺伝子のスイッチがオンになって、それが力になる。そして、それが病気を治す力にもなってくる。あるいは災害で負った心の傷を癒してくれる。元気を出してくれる力になるそうです。それが今証明されつつあります。

心とか感情が一体何なのかといったことは、まだ科学では分っていません。しかし、心の中で思ったことが、どう体に影響するかは分りつつあるのだそうです。アメリカでも、笑いが糖尿病患者の血糖値を下げるということが臨床実験で証明され、今どうしてそうなるのかについて真剣に研究されているそうです。日本でも落語は癌にきくと言いますよね。これにも、やはり科学的な根拠があるということになります。つまり、文化には、これらの人々が言ってきたように、一人一人に力を与える、そういう作用があるということです。これが三点目です。

四点目は、コミュニケーション能力のように、社会的な役割があるということです。ネアンデルタール人と違って、クロマニヨン人達がいい創作ができたのも、お互いにコミュニケーションができたからです。一九九六年にイギリスでトニー・ブレアが首相になりました。彼は色々なことをやりましたが、その中でも特に芸術をもっと振興しようとしました。イギリスは昔、アフリカとか中東に植民地をたくさん持っていましたから、そういう地域の方々をイギリスに自由に出入りさせようということをしたけれども、なかなか彼らをイギリスの社会の中に溶け込ませることが難しかったんですね。英語もあまり上手くないし、算数もあまりできない。

経済学もまたできない。

ブレア首相は、そういう人達をどうやって社会に溶け込ませるか、統合させるかということを考えた末、彼らに文化・芸術活動への扉をより大きく開くことにしました。移民の方々の中には、算数ができなくても、ダンスがすごく上手な人達がおられます。普段は差別を受けている人々もそういう形で才能を認められて、スターになれるわけですね。ですから、もしかすると放っておくと困窮して犯罪に走ってしまったり、テロリストにリクルートされてしまうかもしれない、そういう人達に生きがいを与えると同時に生きていく力を与えることができるということです。つまりブレア首相は、芸術家の社会的役割というものを上手に使ったということです。

五点目に、近代国家では、物を作ることで経済効果が上がりますが、文化・芸術の力もこれを活性化させる働きをもつということです。それから最近クール・ジャパンと言われているように、文化が外国から見て、「この国は素敵だな、行ってみたい」と思わせて、国のイメージアップのきっかけになることもあります。

## 日本文化の特徴

文化が、以上のようなものだとすると、では、日本の文化にはどういう特徴があるのでしょうか。私は四十年近く外務省、そして文化庁で外国を飛び回ってきました。その内、最初の二十年は、今の中国のように元気よく上りゆく日本でした。その後の二十年は、経済も停滞し、政治も思うように進んでいません。そして、日本人が元気を失っています。そういう日本を出たり入ったりしながら見て感じたのが、次の四つの点です。

一点目は、日本人は人間は自然の一部であるととらえているということです。それに対し西欧では、人間は理性をもっているので自然を超越していると考え、その結果、時としてごう慢になりがちです。『旧約聖書』に出てくるバベルの塔の話では、人間が塔を作ればいずれ天国に届くだろうということで高い塔を作り出すのですが、それが神の怒りにふれて、人間は色々な違う言葉を話す部族に分別されてしまい、その結果互いにコミュニケートできなくなって、塔の建設を中断してしまいます。もちろんこれは作り話ですけれども、人間がいかに独善的で傲慢になりうるか、自分は神に近いと思い込む人もいるけれどもそれではいけないという一種の警告が含まれているわけです。なぜ『旧約聖書』にそういう話が載るかというと、欧米、とくに西欧の発想の根底には、人間というのは神様に選ばれた偉い種族なのだという考えがあるからです。動物や植物等の自然とは違うのだという強い気持ちがあります。そのような考えを背景に、『旧約聖書』には、人間は思いあがってはいけないのだということが書かれているわけです。

それに対して、日本人というのは、人間も所詮自然の一部であり、偉いわけじゃないんだ、自然の一部として一緒に生きているんだという発想が非常に強いと思います。

この写真は、世界遺産になった平泉にあります、毛越寺《もうつうじ》という非常に有名な寺の浄土庭園です。この庭園に代表される日本の庭園は自然をうまく使って、自然になるべく手を加えずに作っています。たとえばパリ郊外にあるヴェルサイユ宮殿の庭は、直線と曲線と左右対称という、非常に人工的な庭です。一方、日本の庭というのは、直線もなければ、完全な円形もない。左右対称でもありません。何故かというと、それはあまりに技巧的すぎるからです。自然の知恵を使った庭こそが、我々がほっとするということです。

『作庭記《さくていき》』という十一世紀に出来た本があります。庭をつくるにはどうするかという本で、これは日本庭園を作る人は必ず読む本と言われています。この本で言われていることは、庭を作るには、「自然の言うがままにしなさい」ということです。

毛越寺 浄土庭園　上下とも（写真提供／毛越寺）

ある石をどこに置こうかと思ったら、石の命ずるままにしなさいと。人間が自分でこうあるべきだと決めつけて自然に押し付けるのではなくて、自然が伝えてくれるメッセージを聞いて、それに従えばいいとあります。つまり、日本人は自然というものに敬意を払って大事にし、自然の中にこめられたメッセージを非常に大切にする、そういう民族だということです。そういう文化をずっと継承してきたと言えると思います。それは自然観としては、非常に独特なのです。

　二点目は、物ごとを曖昧なまま受け入れるということです。白黒はっきりさせない、また善人悪人といっても相対的なものだという感覚が、日本人には非常に強いと思います。例えば、能に『八島《やしま》（屋島）』という演目があります。鎌倉幕府を開いた源頼朝《みなもとのよりとも》の弟・義経《よしつね》は、源平の合戦で大活躍をしました。『八島』では、その義経の亡霊が出てきます。ある旅のお坊さんが泊まった宿で、夜中に義経の亡霊が現われます。そして義経は、自分がいかに屋島の戦いで活躍したか、兄弟と仲良くしていたかを話します。

　ところが、ある時が来ると突然、苦しみ出すのです。「修羅の時」と言います。修羅とは仏教で六つの世界の一つを表し、地獄よりはましですが、しかしこの世で人をあやめた者が陥らなければならない苦しみの世界です。義経はヒーローですが、戦場で何人も人を殺しているわけです。したがって、義経もそういう「修羅の時」がくるたびに永遠に苦しまなければいけないのです。

　それからもう一つ例を挙げます。ご存知の方も多いかと思いますが、芥川龍之介《あくたがわりゅうのすけ》の『蜘蛛の糸』です。ある極悪非道の限りを尽くしたカンダタという男が地獄に落ち、血の池で苦しみもがいていると、極楽からこの様子をのぞいていたお釈迦様の目にとまりました。この男は生きている時は確かに悪行の限りを尽くしたが、ある日森を歩いていて、小さな蜘蛛《くも》が目の前を横切ろうとしたので踏みつぶそうとした時、「待てよ、こんな小さな動物にも命が在るんだ。それをむやみに殺しては可哀相だ」ということで踏みつぶさずに見逃すんですね。そのことをお釈迦様は思い出されて「この男は悪いことをしたけれども、こういう優しいところもある。それに免じて救ってやろう」と、銀色の蜘蛛の糸を地獄の血の池まで下ろすのです。

この男は「してやったり」と言わんばかりにこの糸を伝って、長い道のりを極楽まで登ろうとするのですが、ふと疲れて下を見ると、他の有象無象の悪人どもが、皆蜘蛛の糸を伝って来る。そこで思わず、「離れろお前ら、これは俺の糸だ」と言いました。すると途端に糸は切れて、またもとの血の池に戻ってしまうという話です。その結論の部分はともかくとして、重要なのは、お釈迦様はこんな極悪人にも良いところがあると認めたという点です。歴史上のヒーローである義経にも人を殺したという罪がある。逆に、極悪非道の悪人にもやはり良いところがある。つまり、人を単純に黒か白か、善人か悪人かに分けることはできないというのが日本人の心の奥にあるのだと思います。

それは昔の話だけでなく、今もそうですね。宮崎駿《みやざきはやお》さんの『千《せん》と千尋《ちひろ》の神隠《かみかく》し』というアニメがあります。ここに「カオナシ」という黒いお化けみたいなものが出てくるのですが、これが悪いお化けか良いお化けかというのはなかなか難しいのです。千尋と一緒にいるときは、優しいおじさんです。しかしいったんお金を見ると、狂ったようにお金を呑み込み、付近にいる人も呑み込んでしまう、恐ろしい怪物になります。そのような二面性を持っています。
ですから、能のような六百年前の世界や、芥川のような近代の文学においても、そして現代のアニメにおいても、日本人の描く人物というのは、百パーセント善でも悪でもない。これはディズニーの映画やハリウッドの映画が描く世界観とは違います。アメリカでは、正義は勝つ、世の中には良い人と悪い人しかいないという考えが根底にあります
三点目は、平和を強く望む気持ちです。次頁の建物は平泉の中尊寺《ちゅうそんじ》金色堂《こんじきどう》ですが、藤原清衡《ふじわらのきよひら》がこれを建てました。ここには生きとし生けるものはすべて極楽に行くべきだという願いが込められています。彼は前九年の合戦、後三年の合戦といった内乱を生き抜きましたが、自分のお母さんが斬り殺されるのを目の当たりにしました。そうした経験から、これからは平和を作りたい、平泉を基礎として誰もが極楽へ行けるような社会を作りたいということで、この中尊寺を建てたわけです。敵も味方も、鳥も魚も、生きとし生けるものは皆、極楽へ行くことに意義がある。ここには、憎しみを乗り越えて、人間と動物の違いを乗り越えて、平和を望む気持ちが表れています。
四点目は、他文化の吸収と洗練化という問題です。古来、日本は中国やヨーロッパから色々な文化を吸収してきましたから、ある程度皆さんは想像がつくかと思います。ここにお見せしたのは東福寺《とうふくじ》という京都にある禅寺です。八百年ぐらい前に、あるお坊さんが南宋に渡って禅を学んできました。禅は、最終的には鎌倉で栄えます。ご承知の通り、禅というのは中国では滅びてしまいますが、日本で継承され、非常に洗練化されていきます。しかもこの東福寺では、

中尊寺金色堂全景（写真提供／中尊寺）

いまだに中国人の師の誕生日を祝っているのです。それから茶道もそうですね。これも中国から入ってきて、そして日本で独特の発展をして、今では中国に逆輸出しています。

## 世界遺産の基準

では次に、お話しした世界遺産について解説します。世界遺産条約というものが、ユネスコにあります。ユネスコ憲章の原文には「戦争は人の心の中で生れるものであるから、人の心の中に平和のとりでを築かなければならない」とあります。色々な組織、制度によって戦争を防ぐことも大切だけれども、戦争をするのは人です。人が本当に平和を望んでいなければ、どんなシステムを作っても駄目なのです。そういう、人の心を和らげるようなことをする国際機関が必要だということで、ユネスコが作られたわけです。

その活動の一環として、世界遺産条約というものが、一九七二年に作られました。人類全体にとって重要な自然や文化遺産を保存することが目的です。そして、この遺産を守るためにあらゆる努力をしています。開発、戦争、色々な理由でこの危機に瀕した大事な遺産を救い出そうというのが、この条約の最も重要な目的です。先ほど、文化財というのは色々あると申しました。このユネスコの世界遺産条約が対象としているのは、この内の「不動産」だけなのです。素晴らしい絵画があったとしても、世界遺産にはなりません。あくまで建造物や庭など動かせないものでなければなりません。

世界遺産条約において、どういう基準が世界遺産として要求されているのでしょうか。それをご紹介します。世界文化遺産には、六つの基準があります。

一つ目は、ものすごい芸術作品です。レオナルド・ダ・ヴィンチの『最後の晩餐《ばんさん》』という素晴らしい絵がありますね。あれは、絵が描かれている教会と共に世界遺産に登録されています。そういう圧倒的に芸術性のあるものは世界遺産になります。

二つ目は、都市計画などで人類の発展に重要な影響を与えた、異文化交流の象徴のようなものです。お互いに影響し交流し合うことで何かすばらしい町ができたとか、素晴らしい建物ができたとか、そういったことを表すものですね。

三つ目は、ある地域や国に伝わる文化や文明を表すものです。

四つ目は、歴史的な、古代や中世とか、ある時期を示すものです。

五つ目は、ある文化を特徴づけるような建物とか、土地の利用の方法とかです。

六つ目は、優れた文学・芸術作品と密接な関連のあるもので、思想あるいは宗教などに関係した有形物です。

さらに、それに加えて、世界遺産には、①真正性と、②完全性というものが求められます。真正性というのは、実際に申請した物が、造り替えられたものではなく、また移築されたものでもなく、本当に価値を持っている現物そのものであるということです。

完全性というのは、主張している価値を十分に表しているものです。他にも似たようなものがあるのではないか、余計なものが申請した中に入っていないかどうかなどが、非常に厳しく見られます。

それから、③保全体制、即ち法律的な枠組みや条例などその遺産をちゃんと守って行く体制が出来ているかが見られます。また地元に、開発や観光よりも、遺産の方が大事だという、つまりそれをちゃんと守っていこうという気持ちがあるかどうか、ということが見られます。

さらに、④比較研究、即ち他の国や地域に似たようなものがないか、本当にこれはユニークなのかということが審査されます。特に欧米人の多くは、日本の文化は中国の亜流だと考えており、日本が申請しても、同じものが中国にもあるのではないかという目で見られがちです。従って、そうではない、もともとは中国から来たものであるかもしれないけれども、これは日本の文化であり、こういう価値があるのだと説明できなければならないのです。

というわけで、六つの基準に加えて、さらにこの①から④の条件があるわけです。大変ハードルが高いということがお分かりになるかと思います。

## 石見銀山と平泉の場合

では、日本文化をこの世界遺産の基準に、どうやって関連させていったらいいのでしょうか。私が関わった、平泉と石見銀山の場合をご紹介したいと思います。

世界遺産の審査では、委員会の審議に先立って、イコモスという諮問機関が「勧告」を出します。二〇〇七年の石見の時の「勧告」は否定的でした。「普遍的な価値があるかどうか分からない、もう一回提出し直しなさい」という厳しいものでした。しかし世界遺産委員会という最終決定する場では、満場一致で「これは素晴らしい、世界遺産の価値がある」ということになりました。

その中で一番高く評価された事柄は、石見銀山は、四百年間銀を大量に生産してきましたが、緑を失うことがなかったことです。銀を採掘するためには、他の鉱石と分類するために木を使います。周りの木を伐ってそれを焚いて火力に使ったわけです。しかし、石見銀山では、まず、木を伐る量を制限し、かつ木を伐ったら必ず植林したそうです。そうすることで、ずっと緑を守って来ました。江戸時代の地図を見ると、石見というところは緑で描かれています。これが世界の人に衝撃を与えました。

チリでは鉱山が有名です。そのチリの代表が、「石見銀山は素晴らしい。自分の国にも銅山、銀山、金山があるが、取りつくした後はみんな廃墟になっている。ところが、この石見銀山は世界の銀の三分の一を産出していたにもかかわらず、緑を保っていた。こういうものこそ世界基準にしなければならない」と、この銀山に感動しました。そして、このような場所を登録することによって、世界遺産に新しいページが開かれると主張しました。世界遺産委員会のすべての代表が賛成してくれました。

　その翌年、二〇〇八年に、平泉が審査されました。最初の専門家の「勧告」においても、世界遺産委員会の審議においても、いずれも基準の段階で価値を十分理解してもらえず、石見のときと同様、「価値が在るかどうか分からないから出直して来なさい」ということになりました。私はその時もユネスコ大使としてその場にいました。私なりに考えて、「これは、先ほど述べた日本文化の四つの特徴が十分に理解されていないな」ということを感じました。平泉における自然観、生きとし生けるものは極楽に行けるという平和思想、それから浄土を体現した庭園。それらが分かってもらえていません。

　それから、中尊寺金色堂を筆頭に、毛越寺、無量光院《むりょうこういん》跡《あと》など、色々な遺跡を九つまとめて世界遺産として推薦しましたが、それらの関係性がはっきりしていませんでした。「金色堂は確かにすばらしい、オリジナルなものだし、建立した清衡の思想的背景も評価できる。しかし、白鳥舘《しらとりだて》遺跡《いせき》だけは関係ないんじゃないか」と言われました。我々にとってみれば当然のことでも、外国人にとっては分からないこともあるのです。

　外国人は、往々にして浄土思想とは、単なる仏教の一派ではないか、という目で見ます。従って、二度目に推薦した時は、「実はそうではなくて、浄土思想とは、中国の浄土教と日本独特の思想が合体した独自のものなのです」ということを前面に出したところ、平泉は評価されました。それから、対象資産の九つの物件を六つに減らして申請しました。このうち一つはだめになって、結局五つが登録されました。

言い換えれば、日本人の自然観を浄土思想とうまくあわせて分かりやすく説明することで、日本人の持っている自然観は素晴らしいということを分かってもらえたのです。もとは中国から入って来た浄土教を、日本の古代以来の信仰と結び付けて新しい立場を作ったということ、つまり外国文化との融合という点でも評価をされました。

日本人の持っている曖昧さ、白黒はっきりさせないというか、絶対的な平和思想、生きとし生けるもの全てが極楽浄土に行けるという部分は、実はあまり強調しませんでした。多分強調してもあまり理解してもらえなかっただろうということで、この二つに絞ったところ、功を奏したということです。

## 鎌倉の世界遺産登録に向けて

鎌倉の魅力についてはみなさんもご存知だと思います。私も六年ほど住んでいました。しかし、なまじ住んでいるとその価値が当たり前で、逆に説明しにくいということもあると思います。私が思いついた鎌倉の魅力・特色について幾つか挙げてみます。

まず、海と山に囲まれた豊かな自然、そして武家政権です。鎌倉は、砦のような、日本で初めての、そして世界でも珍しい、武家による城塞のような町です。それから鎌倉では禅宗が発展し、茶道のもとが作られました。その経緯をよく表している建長寺、円覚寺、鶴岡八幡宮、そして長谷の大仏さま。また、鎌倉を歩いてみると、文学とか芸術の中心としての都市のたたずまいがあります。そしてお洒落な町という点もあるでしょう。

では、鎌倉が世界遺産を目指すにあたってどういう問題があるのでしょうか。

まず、日本文化の四つの特徴ですね。平泉の場合、強いて言えばそのうちの自然観と文化の吸収洗練化の二つを前面に出し、日本人の持つ曖昧さと、絶対的な平和思想はあえて引っ込めました。日本文化の特徴は、ある意味で、非常に感性に訴えるものです。つまり、自然を愛でる気持ちや、自然の猛威に対してこれを上手くかわし共存していこうとする気持ちなど、理屈でなく、体で、心で感じるものが、日本文化の特徴だと思います。

それに対して、先ほどの六つの世界遺産の基準は、すべて論理的なんですね。どんな意義があり、どんな影響を及ぼしたか等々、科学的な説明が要求されるわけです。従って、鎌倉の魅力をアピールするためには、感性に訴える日本文化の特徴をどこまで理屈で前面に出していくのか、どこまで相手の基準にあわせて論理的科学的な説明をするのかがポイントになってきます。もし後者の論理的科学的な説明を取るとすれば、平泉のときのように、感性に訴える日本文化の特徴を打ち出すことの一部を諦めなければならないかもしれません。今後我々には、鎌倉の魅力をどのように西洋の世界遺産条約の土俵に合うように「翻訳」していくかが大変重要になってくると思います。

鎌倉市と神奈川県とに作っていただいた、政府が正式にユネスコに申請するための案があります。推薦案のタイトルは、「武家の古都・鎌倉」となっています。武家によって作られた古の都ということが基本的な提出理由です。本来は戦う集団であった武家が、行政に乗り出して、国を拓き、徳川幕府まで七百年間にわたり武家政権が続いた、そういう点に意義があるということを強調しています。

## 鎌倉文化をどのようにアピールするのか

鎌倉では、中国から来た禅宗を吸収し、洗練させて独特の禅文化が作られました。また、三方を山に囲まれ、南側が海に面しているという独特の地形を利用した、攻めにくく守りやすい要塞、そういう都でした。そのような場所に政権を作ったというのも、あまり世界に例がないのではないかと思われます。加えて、この地形に囲まれた中には、神社に寺院、武家の館、切り通し、そして港という色々な文化的な、あるいは宗教的なものがたくさん揃っています。平泉のときは、九つの構成遺産で提出しましたが、今回は十あります。禅宗もあれば茶道もあれば、というかなり幅広い感じです。

そして六つの基準のうち、どれを主張していくかといいますと、三つ目と四つ目です。基準の三つ目というのは、「ある文化的伝統または文明などを伝承するもの」、つまり、文化交流を示すものです。従って中国からの文化との交流を背景にして、禅、茶道のように今の日本の精神性を代表するものが鎌倉で培われたのだということから、基準の三つ目を使っています。それから基準の四つ目は、「歴史上重要な時代を例証する建築様式あるいは集合体、あるいは景観を代表しているもの」です。これについては、鎌倉は山と海に囲まれ、非常に独特の文化であると言えます。そういうことから、基準の三つ目と四つ目を使って世界遺産委員を説得しようとしています。

このような作業を行っていく上で、今後どのようなことが問題になるでしょうか。平泉の際にも様々な議論がありました。最終的には登録はできたのですが、その時の経験から見て、何が問題になり得るか、五点ほど挙げてみました。

まず、先ほど言った通り、六つの基準のうち、三つ目と四つ目を使うことは、本当に良いのだろうかということです。我々の考える鎌倉の価値を、世界遺産条約の基準に「翻訳」する上で、三つ目と四つ目が本当に一番良いのだろうかということは、常に問われることです。

二点目は、対象としている資産、神社やお寺や切り通しといったところが、本当に真実性と関連性、つまりそれが本物であり、過不足なく我々が主張している価値を体現しているかということです。例えば真実性でいつも問題になるのが、日本の建物は、お寺であれ神社であれ、木造です。法隆寺の塔や中尊寺金色堂もそうですが、ごく一部を除けばだいたい火事や地震で壊れたりして、再建していますね。そうすると、「そこにあるこの材木は、本物ではないのではないか」と言われてしまうわけです。しかしそれでも、もともとのオリジナルの設計通りで、同じ種類の木を使い、同じ鉋《かんな》などを使っている、本物そっくりなもので、そしてそういう技術を伝承させながら造り替えているのが日本文化なんだ、ということをうまく主張しなければなりません。

三点目は、比較研究についてです。明の時代・元の時代において、当時のアジア諸国の都はどうだったのか。そこを十分に調査して、鎌倉には他の国々には無い独自性があると示すことができるか、ということが重要になります。四点目は、これは平泉の時に苦労したのですが、色々な構成遺産をつなぐストーリーが重要になってきます。円覚寺、建長寺、切り通しなど全てをつなぐストーリー性に弱みは無いか、本当に全部が関係して、主張している価値を過不足なく体現しているかという点が主張できなければならないと思います。

最後に五つ目の点です。相手を説得するために、なるべく単純明快に話ができるかということです。石見の時は、「緑の銀山」という一言で押し通しました。誰もが銀山、あるいは鉱山は、普通、緑なんてないものだというイメージがありますから、それが緑というだけでこれは凄いと思わせるメッセージ性がありました。平泉は、そもそも浄土教はこういうもので、中国から入って来たものが融合してどうこう、絶対的平和思想が……という話をすると、それ自体は素晴らしいのですが、一から説明していると、だんだん相手は飽きてくるわけですね。一応最後まで話につきあってくれますが、途中から明らかに関心を失っているのが分かるのです。相手は研究者ではありませんので。武家文化とは何かという問いに対して、これだ、と一言で言えるものがあれば強みになります。この辺が鎌倉世界遺産登録に向けて取り組むべき課題と言えましょう。今後、特に世界遺産委員会にむけて明確なメッセージを作る必要があります。

鎌倉の価値は我々が知っている通りです。それをどのように「翻訳」するか、ある意味、どこまで妥協して「良い翻訳」にするか、これが重要な課題だと思います。

＊注　この原稿は二〇一一年秋に早稲田大学エクステンションセンターで行われた講演をまとめたものですので、世界遺産についての記述等も当時の時系列・事項となっています。

**著者略歴**

近藤誠一（こんどう　せいいち）

近藤文化外交研究所代表。元文化庁長官。ユネスコ大使、デンマーク駐箚特命全権大使を歴任。主な著書に『世界に伝える　日本のこころ』（星槎大学出版会）、『ミネルヴァのふくろうと明日の日本』（かまくら春秋社）。

参考文献

『ＦＵＪＩＳＡＮ　世界遺産への道』近藤誠一（毎日新聞社）

『日本人にとって美しさとは何か』高階秀爾（筑摩書房）

「月刊文化財　これからの世界遺産と日本」近藤誠一（第一法規株式会社）

# 日本文化の深層

吉田茂穂

## 神道と神話の誕生

日本文化の深層として、本来であれば神道のはなしを直接すればいいのかもしれませんが、神道というのは皆わかっているようでわからないという部分がありますので、色々な話をつなぎあわせて、皆さまにご理解をいただければと思います。

神道における信仰ということを考えますと、いつどこでどのようにして興ってきたかわからない、創唱者がいるわけでもなく、教義、経典もないわけです。ですから、神道のことを語る場合は日本神話に基づくということですが、そのことをよく伝えておりますのが、古事記であり、あるいは日本書紀でありましょう。古事記は七一二年、日本書紀は七二〇年に編纂されておりますけれども、ある日、突然、神話が生まれて来たわけではない。そうしますと、日本の神話に投影された日本人の価値観、思考というのはどこからどのようにして生まれてきたのだろうかを考えなくてはなりません。

古事記や日本神話に投影された時代は、考え合わせてみますと、縄文時代に遡ることができるのではないかと思います。日本は海に囲まれておりまして、温帯に属し、東アジアからの影響、季節風を受ける地域であります。文化だとか、思想、生活というのは温暖で、湿潤な気候の影響を受けると同時に、大陸、朝鮮半島から、東南アジアから、あるいは暖流に乗ってポリネシア方面からの色々な影響を受けて、日本の文化というのが根付いたのであろうと思われます。ということは、もともと縄文時代の頃からそうした地域から影響を受けて日本の文化がで

鶴岡八幡宮（写真提供／鶴岡八幡宮）

きあがっていったという風に考えるのが妥当だと思います。縄文時代と申しますとだいたい一万数千年前から二千数百年前までに区分けができます。

## 縄文人の豊かな生活

縄文時代とお聞きになってどういうことをイメージされますか。私は少し前までは、縄文時代の人たちの生活は原始的であったであろう、食べるものも思うにまかせない、獲物を求めて移住する生活をしていたのであろうと考えておりましたし、ある時代まではそのような位置づけであったと思います。

しかし、青森の三内丸山遺跡をはじめ全国には縄文時代の遺跡が沢山あり、福島県などは特に縄文時代の遺跡の多いところであります。そのような環境にありますから、福島県の人々は特に縄文時代に対する関心が高いように思います。福島の遺跡や、三内丸山遺跡、色々な所を発掘調査してわかること、また研究も最近では重ねられて、原始的な生活をしていたのであろうというイメージは払拭されました。そして縄文時代が日本の長い歴史の中で特に大事なのではないかと思うようになったわけです。

それに発掘調査や研究によりますと、本当に豊かな自然の中で、縄文人は分け隔てのない穏やかな生活をしていたということもわかって来ました。

縄文時代と申しますと、七、八千年から一万年近く続くわけです。その時代が続くということはある程度、穏やかな状態が続かなければならないと考えるのが順当です。その間、縄文時代の人というのは非常に時間にゆとりがありましたし、自然に溶け込むように暮らしていたということが、言えるのだろうと思います。

食卓を彩る食材も四季折々、旬のものでした。古代史を研究している先生が縄文時代の食物を四季ごとに分けていらっしゃいますが、それによると、春、彼らは潮干狩りや山菜摘みを行っていました。夏は蛤、浅蜊、栄螺などが沢山あったようで、それを食べていました。鯛とか鱸、鮪漁、鱒漁が盛んに行われ、海のものを食していました。秋は木の実が中心になります。中でも栃の実、これは非常に澱粉質が多いようです。当時の人たちはこれを摂ることによって澱粉を補っていました。茸や栗、松茸などもあったかもしれません。冬は冬眠に入る猪、鹿、熊などの肉も摂っていました。全ては貝塚から出てくるものによってわかるのですが、今、述べてきた食材を思えば、現在のフランスのジビエ料理のようなものを食べていたのかもしれません。

また、この時代の女の人は、現代の皆さんも着けているポシェットを掛けていました。これは土偶や埴輪などから判明するのですが、皆さんもよくなさるかぎ編みのポシェットを持っていたのです。ですから今、皆さんも一万年前に生きていた人たちと同じ生活をしていらっしゃるということになります。意外と私たちにも身近に感じられる生活をしていたということがわかります。

しかし、このことが違います。食べ物にしても必要なだけを採取していました。沢山とって貯めておくことは必要なかったのです。必要なものだけ採って食べてという生活をしていました。それも貝にしても美味しくないものも採って食べていたということが、発掘調査からわかっております。美味しいものだけを採って食べて絶やすことのないようにということですね。

## 生者と死者の共存

三内丸山の遺跡は、直径一メートル、縦十七メートルの柱を六本立て、その上に建物を建てています。今の我々には重機がありますからできなくはありませんが、当時はそのようなものはありません。住まいがあり、倉庫があり、そして、環状集落の真ん中には必ずお墓がありました。我々はお墓というのは自分の住まいから離れたところに遠ざけますけれど、当時は集落の真ん中にありました。お墓が住まいの中心にあるということは生者と死者が同じ場所で、生活をしているということです。

その後、時代が経つと陵墓制とかになってきますが、お墓を住まいから離すということは〝死を穢れ〟として我々は今、認識しているわけですが、縄文時代の人たちはそうではなく、生者と死者が一緒であるがごとく、生者が眺める景色も、暮らしの中の空気感も死者と共にありました。住まいの真ん中にお墓があるということは、亡くなっても魂は生き続けるという考え方です。これは神道の根本思想になっているわけです。肉体が滅びても魂は生きつづけるという、死者と一緒に暮らしていくという生活の場でありました。そして、一年、二年経ちますと、亡くなった方を洗い清めて、葬るという再葬が起こってきます。これは沖縄などにも洗骨葬というお骨を洗って埋葬するという考え方がありますが、これはあの世で再び生き返るという考えが、この思想の中にあるからです。

それでは死を穢れと意識しだしたのはいつ頃かと申しますと、記録で最初に出てくるのは中国（魏）の「魏志倭人伝」の中です。東夷伝として倭人（日本人）のことが書かれています。紀元二三〇年ごろでしょうか。倭人はどのような生活をしていたかと言いますと、裸足で刺青をしていた。女の人は赤い粉状のものを塗っていました。化粧です。今の我々と同じようなことをしていたわけです。そのような中で、家族に死者が出た時、大声で泣き悲しんで、海に入って禊をしました。海がないところでは川で禊をしました。いずれにしても水で洗い清めた。そして、死者が出た周辺の人たちは、亡くなった家からの食べ物、ふるまいを受けて飲んで、食べて、踊ってということをやっていたのです。そのような生活の様子が三世紀の「魏志倭人伝」には認められています。

おそらく縄文時代の後の弥生時代になると〝死を穢れ〟とした、死の穢れを清めるために水垢離をしたということがいえるのではないかと考えられます。お墓も陵墓制、納骨するお墓とお参りする参り墓が別々という時代が参りますが、これは明らかに〝死は穢れ〟としてお参りする場所と納骨する場所を分けるということになってきたわけです。

## 縄文人と弥生人

縄文時代は、生者と死者が共存してお墓を真ん中に住んでいたと先ほども述べましたが、同じ景色を見、同じ空気を吸って生きていました。これをかつて鎌倉に住んでおられた江藤淳さんは、「縄文時代の生者と死者が一緒に暮らしている、これが日本人にとっては極めて大切なことだったのだ。」と指摘しておられます。環状集落では整然と建物やごみなどを捨てる場所が決まっていました。

では、竪穴式住居の中はどうだったか。中に入りますと、これも発掘調査でわかるわけですが、住まいの真ん中に炉がきってあった。ここでは必ず火が燃やされていた。それは灯りとりの火であり、料理をするためのものでもありました。この火を真暗闇の中で絶えず、一緒に見て、それが生活の中心にあったということは、その火には神々しさというものが現れてくる。これが神道の信仰の原点になるのだと私はみております。

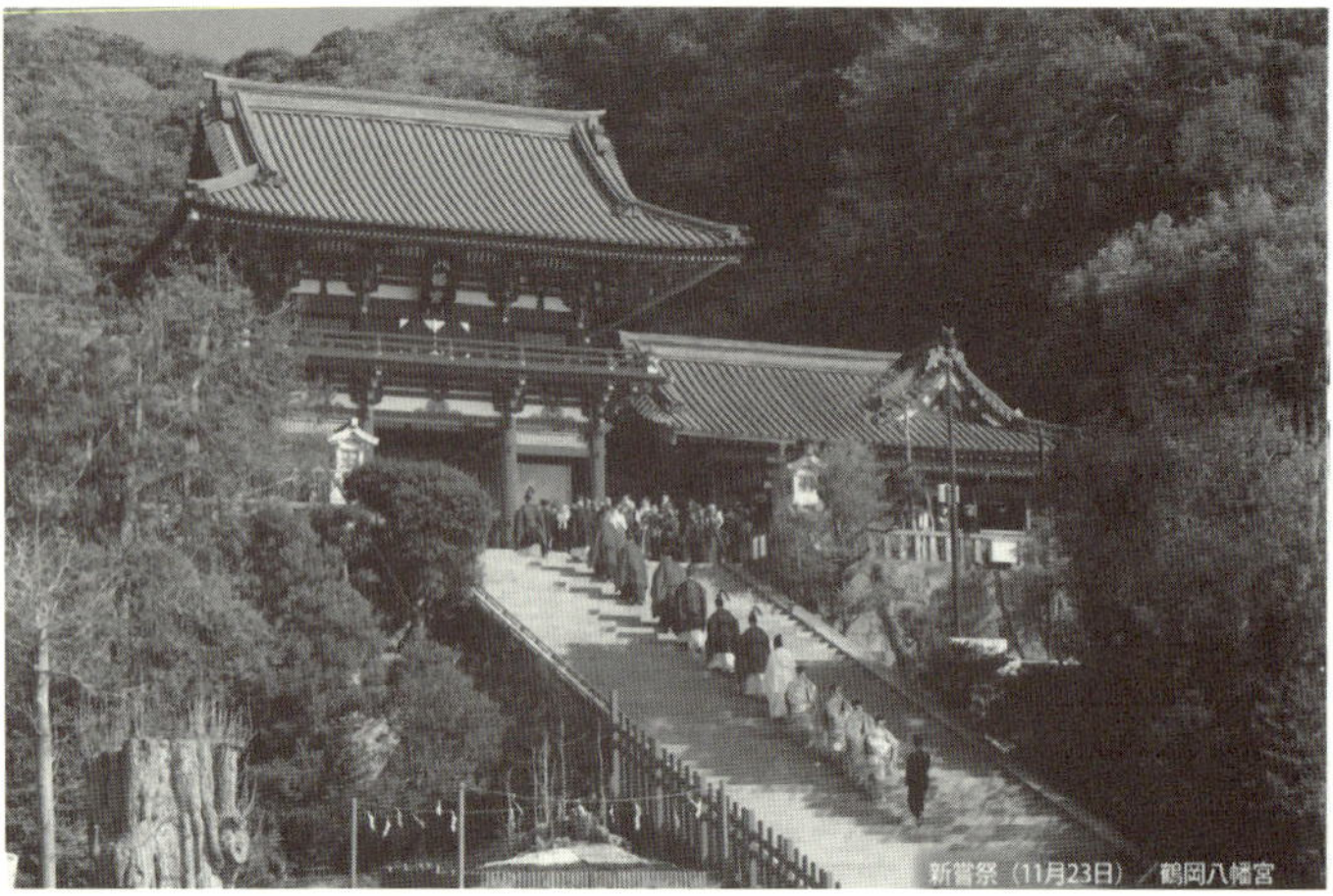

鶴岡八幡宮新嘗祭（写真提供／鶴岡八幡宮）

縄文時代の生活の中で最も大事なのは縄文土器でございます。火焔式土器など色々な模様の土器がございます。使い道は何だったのかわからないようなものもございますが、とにかく手をかけて土器を作っております。

それは何を証明するかといいますと、時間のゆとりがあったということです。それに対して、弥生時代につくられた弥生式土器には一定のフォルムがあり、同じように作って土器を機能的なものにしました。縄文式土器と比べますと手がかからず非常に簡単にできるものなのです。弥生時代は縄文時代と比べますと時間的ゆとりがなかったからです。

そして、ここが二つの時代の決定的な違いなのですが、弥生時代からお米の生産が始まりました。稲作りは日本人の生き方を変えていきました。貯えるということが始まり、力のある人はお米を貯蔵することができるようになり、力のない人はお米を貯えることができない。そこに貧富の差がでてくる。農耕生産が始まってまいりますと、拡大を心がけるようになる。それに比べて縄文時代の人はその日、その日ある物を食べてゆったりと過ごす。皆仲良くということだと思います。お米を生産するようになってから個人個人に差がでてきたということがいえるだろうと思います。そして、全体の経済も拡大経済になっていく。その前の縄文人は拡大することを好まなかったのではないか。今までと同じようにということが一万年ほど続いてきた。この縄文時代は草創期、前期、中期、後期の四期に分けることができます。

草創期の縄文人というのは、全体で二万人だったようです。それが前期には十万人になり、中期には二十六万人に増えていったのです。そして、最後の後期には八万人になる。これはどうしてかと言いますと、色々な説があります。弥生人が入ってきて、闘争の結果、縄文人が敗れたという説もありますけれども、おそらくは、我々が直面しております気候の変動というものがどうも大きかったようです。そこで、二十六万人近い縄文人が八万人に減っていく。そういう状況の中で、弥生人が入ってきたということなのです。

弥生人というのは、大陸や朝鮮半島からきた渡来人で、縄文人は旧石器時代からもともと日本の土地に住んでいた人たちだと言われています。縄文人は先ほどからお話ししていますように、豊かな自然の中でゆったりと暮らしていました。この時代もお米がないわけではない。お米を生産するということもしていましたが、我々の印象、知識の中ではお米の生産は弥生時代から行われていました。お酒は果物からも作っていましたが、日本酒の原点はお米です。

縄文人も美味しいお酒を飲もうとお米を生産していたようです。それはごはんとして食べるというよりも、お酒の原料として生産をしたのです。本当に日本酒は美味しいですよね。ですから縄文人にも美味しかったのでしょう。そうした生き方をして少しずつ変わってくるわけですが、縄文人と弥生人の見分け方というのは、縄文人は彫が深くて濃い顔、頭のてっぺんが丸い、弥生人は頭のてっぺんがとがっています。発掘調査して骨を見ればわかります。それとももう一つ、神話の時代に部族の中に長髄彦《ながすねひこ》という人がいましたように縄文人は髄（脛）が長い。皆さんは濃い顔か、頭が丸いか、髄が長いか短いかでご自身が縄文人の系統か、弥生人の系統かがわかります。

縄文人は自然の中に溶け込みながら、時間をゆったりと過ごし、穏やかな生き方をしてきた人たちでした。弥生人は貯蔵する術を知って、できる人とできない人がいて、そこに争いが起こり、貧富の差ができ、時間のゆとりもなくなって来た人たちです。

## 神道の御霊信仰

古事記や、その八年後に完成した日本書紀には、こうした縄文人の生活がある程度、投影されていると考えるのが自然だろうと思っております。この頃の土器で発見されたものの中に大きな甕があるのですが、その中には子どもが埋葬されて入っている場合が多くありました。その時代は幼くして命を落とす子どもが多かったわけですが、丁重に甕の中に入れるということは、母親の胎内を想像して、そこからの復活、再生ということを期待して埋葬していたということが言えるでしょう。そうなってまいりますと、神道の御霊信仰につながってきます。神道の信仰の片鱗をそうした縄文時代の生活の中に見ることができます。もともと日本人は、死を穢れとはせずに、死者は生者と同様にとらえていた、そこが先祖を大切にするという日本人の考え方の根幹になっているということが言えると思います。

## 自然に宿る霊力

このように我々は古代日本人のＤＮＡを受けて現在に息づいているわけですが、日本人はことのほか自然を愛でるとか、自然を大切にするという、これは世界の民族に比べましてもかなり強い自然への畏敬の念を持っており、自然の中に神を感じたということです。西洋ではそうではありません。ネイチャーという語は、まだ手をつけていない、いずれ手をつける自然をネイチャーというのです。

日本ではそのもの自体を自然と言います。これは明らかに、西洋の考え方は自然と対峙して、自然を切り開いていく、そのことによって作り上げられたのが西洋の文化だということが言えます。限りなく高い教会の塔に木の形を託して、文化が広がっていく。

古事記、日本書紀では縄文時代のベースがあって、神話が語られてきました。その後、古事記、日本書紀から三、四十年経った頃に編纂された万葉集の中に次のような和歌があります。

春の野にすみれ摘みにと来し吾そ
　野を懐かしみ　一夜寝にける　（巻八―一四二四　山部赤人）

これは奈良時代の初期に山部赤人が詠んだ歌です。長い冬が終わって、やっと春めいてきた。野原では芽吹きが始まっていることだろう私も行ってみよう。そして、野に行ってみると、本当にきれいにすみれが咲いていた、もう春になったのだ。あまりにも美しいのでついついそこで一晩寝てしまったことよーという歌ですが、これはただきれいだから寝たのかなと思いますとそうではないと思います。

縄文から古墳時代などを経て、古代日本人はとにかく生きることに非常にデリケートでありました。「生きたい。生ききりたい」ということを考えます。で、古代人は春になりますと野山に出かけます。そこには本当にきれいに花が咲いている、それを見て「ああ、きれいだなあ。何とかそれを身につけたい」と思ったのです。

古代は冠頭衣、四角い風呂敷のような布に穴をあけたような、真ん中に穴があいている衣をすっぽり被っていた時代ですが、それに花の汁をすりつける。ところが、それはきれいではないのです。でも何とか芽吹いてくる草花の生命力を自分も身に付けたい。そこで家に持って帰って、瓦を重ねてそこに花を活けます。しかし、すぐに萎れてしまう。花瓶の瓶という字は瓦を並べるという字で、そこから起こるわけですが、何とか花を萎れさせない方法はないものか、花の生命力を身につけたいと思います。日本人はそこから着る着物に、忠実に生きている花を写しとりました。これが後の時代になって辻が花染めとなり、友禅染めとなっていくわけです。原点は花の生命力を自分のものにしたいと念じたことから始まり、服飾文化となってきたわけです。花に宿る生命力を持っていたい、身につけたいと思ったことでした。

## 花を愛でる日本人の心

鶴岡八幡宮源平池の桜（写真提供／鶴岡八幡宮）

万葉集の時代は花というと梅でしたが、古今和歌集、平安時代になると花というと桜になって来ます。今現在、日本人にとって桜は春の訪れを告げる花として最も人気の高い花です。

多くの人が花見へと繰り出し、花の下での宴が始まる。今も昔も変わらぬ光景です。

古くから稲作農業を生きる手段として暮らす農耕民族であっ

た日本人は、春になると山の彼方から、海の彼方から、神様を呼び寄せ農作業を始めました。

やがて人々は田んぼの傍に咲く桜花を見て神様が農作業を見守る為にやって来られたと感じ、神の存在を喜びました。田んぼの傍に咲く桜の株元におむすびやお酒を供え、みんなで農耕に励む。そして、お昼やお三時にはお下がりとしてそれらをみんなで分けて頂くということを繰り返したのです。これが元禄以降、桜花のもとで飲めや唱えやで花見を楽しむように変化するのです。

さらにもっと古くは古代日本人にとって花を愛でるということは、霊力を振り動かして生命力を高める。自分の中の魂を振り動かすという意味あいがありました。

やがて先程言いましたように神様の姿、信仰の対象そのものとなり、後年、美しいものとして鑑賞の対象へと変化していったのです。

古くは神様が神社（建物）に常住するという観念はなく、遠くより招く対象であったのが、仏像を安置するお寺をもって渡来した仏教の影響を受けて、神社が建てられるようになったのです。

特別な伊勢神宮とか、出雲大社はもっと早くから建てられておりますが、一般の神社はだいたい七世紀の中頃から建てられるようになります。それまでは山がご神体、また木や岩に神様が宿っていると日本人は感じてきたわけですが、神社が建ちますと、いつでも神社に行けば神様に出会えるというようになってまいります。これは仏教の影響でございます。

そこから思想の面で申しますと平安の末期ぐらいになりますと、いよいよ仏教が強く影響してまいります。世にいう無常というものを日本人は感じるようになるわけです。「祇園精舎の鐘の音、諸行無常の響きあり……」。こうした平家物語の冒頭に出てまいります、諸行無常の響きあり、これは自然観が明らかに違ってきて、人々の無常観が季節の移り変わりに重なるように感じとるようになってきました。これが日本人の思考の深さですよね。ものを感じる深さがここにあると思います。

## お茶の受容と日本文化の重層性

少しお茶のお話をしておきますと、お茶といいますのは大きく分けますと三つの形で日本に入ってまいります。一つは唐の時代、日本は奈良の時代ですが、團茶、出汁茶が、最澄の時代、仏様にお供えをするものとして入ってきました。その後、宋の時代、壽福寺の栄西禅師が今の粉末にする抹茶を持って帰ってまいります。持ち帰ったときにどのようなことが目的であったかといいますと、まず、「長生きをしたい人は飲みなさい」という喫茶養。そして、若いお坊さん方は修行のときに眠くなる。その眠気を覚ますためにお茶を飲む。お坊さんがお酒を飲みたいという時にお茶を飲む。

その後、明恵上人が山城の高山寺に茶園をつくります。そして、足利義満が宇治に茶園をつくります。これが宇治茶です。そして、栄西は福岡筑前にやはり茶園をつくるのです。これが八女茶になっていくのです。そのような変遷を辿るわけです。

室町時代になりますと、北山文化、東山文化が起こってまいります。室町三代将軍義満は非常に派手好みで贅沢だった。ですから、金閣寺を建てたのです。その後の八代将軍の義政は簡素を求め、銀閣寺となっていくのです。派手、贅沢、簡素といったものが一緒になって、秀吉は豪華な中でお茶を楽しむ。金の茶室を建てて豪奢にお茶を楽しむ。

安土桃山時代には安土城と聚楽第、あるいは大坂城の天守閣と伏見城といった非常に大きくて豪壮な建物が建てられていきました。そして、秀吉と同じ時代に生きたのが、千利休ですが、この人はむしろ逆を考えるのです。大きな金の茶室ではなくて、四畳半、あるいは三畳、あるいは二畳の空間で生きよう。そして、楽しもうということを考えました。ということは日本の文化、文学などそうですが、だいたい振り子なのですね。豪華になれば、逆に質素を求める、陽明学、朱子学が栄えていきますと、逆に純国産の国学というものが起こってくる。ちょうど振り子のように動いていくのです。安土桃山時代になりますと、豪農、豪商という人が出てきます。それと対照的に二畳の部屋でお茶を楽しむ文化がありました。

豪壮で豪華な建物が生まれなかったら三畳、二畳の空間文化は生まれなかったかも知れません。

## 日本文化の深層

日本文化の深層はおそらく縄文時代にあり、それに弥生時代からの変遷の中で中国大陸、朝鮮半島から、あるいは南アジアやポリネシアから文化は入ってきました。神道のお祭りと共通するものがあるのが、ハワイの古典フラです。神様を招いてお供えをして、我々の祝詞と同じく「チャント」を詠んで、神に祈ってと、よく似ています。ということは暖流に乗って日本にポリネシアの方からもそうしたものが入ってきたということです。そのように各地域からの影響を受けて、洗練もされ、そしてより日本的にもなって文化として結実していったものを我々は今、日本文化として享受しているのだと思います。

日本人の信仰も文化も生き方も日本人は穏やかで和の精神を尊んでいます。それは聖徳太子の十七ヶ条憲法からだとよく言われますが、ずっと前の縄文時代から〝和〟を大切にしてきたのです。

## この生を生ききる

これまで日本文化の深層になっている神道にも通ずる事例を様々な角度からお話ししてまいりましたが、最後に、この暑い時期ですので鶴岡八幡宮のぼんぼり祭で感じたことを述べさせていただきます。八幡宮では四季折々に祭事・行事がございますけれど、暑い最中に「ぼんぼり祭」という行事が昭和十三年（一九三八）から七十七年にわたって行われております。毎年、鎌倉を中心とした書家・画家・文化人が揮毫した書画を雪洞仕立てにして四百灯掲揚しております。

鶴岡八幡宮ぼんぼり祭（写真提供／鶴岡八幡宮）

　数年前、その中の一枚のぼんぼりが、忘れられないぼんぼりとなっています。それは映画監督で脚本家でもありました新藤兼人さんの九十七歳の時の書でございました。墨痕鮮やかに「生きたい」と文字をしたためてくださいました。

　私はその書を見て、どういう境地だろうかと色々想像しましたが、これは単なる〝生〟への執着ではない、与えられた〝生〟を人としての生きることへの使命感というか、〝生〟を何とか遂行しきりたい、生ききりたい、そのような思いがその文字にしたためられているのだと感じました。この思いは、前述した古代日本人から綿々と続いている生命への強い思い、生を享けた者の使命感でもあったような気がしてなりません。暑い夏になるとそのぼんぼり絵のことを思い出します。

御清聴感謝致します。

＊注　この原稿は二〇一五年夏に円覚寺で行われた講演をまとめたものです。

**著者略歴**
吉田茂穂（よしだ　しげほ）
鶴岡八幡宮宮司。神社本庁常務理事。フランス、イギリス、中国、フィンランドなど世界各国にて御神楽、流鏑馬神事を奉仕。平成十八年、東大寺にて重源上人の八〇〇年御遠忌お神楽奉仕。主な監修に『鎌倉の神社小事典』（かまくら春秋社）。

# 小泉八雲の「鎌倉・江ノ島詣で」を歩く

池田雅之

## 八雲の旅の意味

小泉八雲（ラフカディオ・ハーン）の紀行文、「鎌倉・江ノ島詣で」を中心に、ご一緒に鎌倉と江ノ島を辿ってみたいと思います。この紀行文は日本時代の処女作品、『日本の面影』（一八九四年）の中でもあまり注目されたことのない作品ですが、私はこの文章はきわめて八雲らしい特徴が現れている紀行文として、おもしろいと思っています。

「鎌倉・江ノ島詣で」のオリジナルタイトルは、A Pilgrimage to Enoshima となっているので、「江ノ島詣で」あるいは「江ノ島巡礼」と訳すのが正しいでしょう。しかし、作品の半分ほどが鎌倉に関する記述で占められていますので、読者に分かりやすいように、あえて「鎌倉・江ノ島詣で」と訳し、『日本の面影Ⅱ』（角川ソフィア文庫）の中に収録しました。

小泉八雲はアメリカから雑誌記者として、一八九〇年（明治二十三年）、四月四日に横浜にやって来ました。来日した理由は、名目上、雑誌の特派員ということでしたが、どうやら日本でしばらく暮らしてみたいと思っていたようです。八雲は来日早々、当時東京帝大で教えていたB・H・チェンバレンに就職の斡旋を手紙で頼んでいます。そのお陰で、松江に英語教師としての職が決まり、八月下旬に横浜を離れます。従って、八雲は四月から八月までのほぼ五ヶ月余りを横浜、鎌倉を中心に過ごしたことになります。

この時期をテーマに書かれた作品に「東洋の第一日目」（『新編　日本の面影』に収録）、「盆市」「鎌倉・江ノ島詣で」（『新編　日本の面影Ⅱ』に収録）の三編がありますが、今日は「鎌倉・江ノ島詣で」の八雲の巡礼の旅をテーマに絞ってお話しできれば、と思います。鎌倉と江ノ島での体験が、八雲の日本理解の端緒となったと思うからです。この作品は、八雲にとって重要な日本学事始めとなりました。それでは、今から百二十五年ほど前の鎌倉はどんな所であったのか。八雲はその鎌倉をどのように描いたのかを、拙訳を通して辿ってみましょう。

八雲は来日早々の四月初旬、学僧にして通訳の真鍋晃《まなべあきら》という青年と共に鎌倉と江ノ島を回りました。先ず、横浜から当時（一八八九年）開通したばかりの横須賀線に乗り、大船まで行きます。そこから二人は人力俥に乗り換え、北鎌倉に向ったと思われます。そして、最初に訪れたお寺は、臨済宗の名刹《めいさつ》、円覚寺でした。鎌倉詣での第一歩が、鎌倉らしさを示す禅宗のお寺の参詣であったことは実に意味深いことです。

『日本の面影』という作品集は、紀行文が主流を成しております。しかし、この「鎌倉・江ノ島詣で」も旅の様子を仔細に記録した文章といえますが、単なる紀行文と言い切れないところがあります。つまり、アメリカ時代に新聞記者として鍛え上げた取材力とリアリスティックで精密な描写力のほかに、日本の文化の本質を掴み出す、詩人的な本質直観の力が際立っているといえるからです。彼の文章には、ルポライターとしての筆力、リアリストとしての観察眼、詩人としての本質直観の三つの要素が混在しているといえます。のちほど、八雲が鎌倉の当時の様子をざっくりと捉えた冒頭の箇所を紹介したいと思いますが、まず初めに八雲にとって、旅とは何であったかをおさえておきたいと思います。

この作品の原題は A Pilgrimage to Enoshima となっていますが、pilgrimage は日本語では

「巡礼」とか「行脚」とか訳されています。これは travel とか journey とか trip といった普通の「旅」とは明らかに違う意味をもっています。pilgrimage とは、いわゆる俗世間とは領域を異とする聖域に心身共に参入することによって、魂の変容と心の浄化を願う「旅」であります。八雲に引きつけて考えれば、鎌倉と江ノ島という聖地に詣でるという行為は、あらたな自分と出会うための巡礼の旅であったといえます。と同時に、八雲の巡礼の旅はまた、彼自身の日本を見つけるための旅でもあったといえます。この自分との出会いなおしと日本発見という体験が重なっているところに、八雲の紀行文の妙味とおもしろさがあるように思われます。その旅の様子を、これから見ていくことにいたしましょう。

## 「死せる都」としての鎌倉

「鎌倉・江ノ島詣で」の人力俥でのルートは、円覚寺見学を皮切りに建長寺、円応寺、長谷寺、鎌倉大仏と回り、極楽寺坂、七里ヶ浜を経て、江ノ島へと向う一日のコースでした。そして、江ノ島では江島神社、第二岩屋（龍神の岩屋）に参り、藤沢を経由して帰路につきました。八雲は一日で回ったように記述していますが、私ははなはだ怪しいと思っています。今日、私たちが、八雲のように同じコースを車で回ったとしても、各所の見学所要時間を考慮に入れると、一日で回りきれる旅程ではありません。丸一日の旅で、これだけ詳しい内容を盛り込むことはできないのではないかと思います。

さて、人力車で北鎌倉の円覚寺附近に到着した八雲ですが、今から百二十五年ほど前の鎌倉をどのようにとらえていたでしょうか。八雲の目にまず飛び込んできたのは、鎌倉の古ぼけてくすんだ家屋が立ち並んでいる光景でした。そして、生温かなあたりの大気の中には、様々なにおいが立ち込めています。日本酒やわかめの味噌汁や野菜のにおい、寺院のかぐわしくも強烈な線香のにおい。八雲はこれらの「におい」を「この国のにおい」だと表現しています。

お仏様のおわします寺院から漂ってくるこの抹香のにおいをかぎながら、八雲の鎌倉の寺巡りが始まります。そして、八雲はこの「日本のにおい」に導かれるようにして、栄華を誇った「過去」（鎌倉時代）と寂《さび》れた「現在」（明治二〇年代）とのコントラストを描いていきます。失われた古き佳《よ》き日本の面影、あるいは失われつつある日本の姿を執拗に書きとめようとする作家魂は、この日本時代の処女作の一篇にもはっきりと表明されています。

……私たちが屋根草のはえている朽ち果てた農家の間を流れる小川に沿って俥を走らせていると、何とも言いがたい寂寥の思いが、私の胸に重くのしかかってくる。というのも、この荒廃した村落は、かつては将軍源頼朝の都、あの武家政権の軍都の名残りをとどめているところだったからである。……今日では、往時の都に存在したあまたの寺院のうちで、十五、六世紀の大火から免れた建物は、数えるほどしか残っていない。

今なお、古の御仏たちは、お参りするものもお布施などを寄進する者もなく、朽ち果てたまま、寺院の深い沈黙の中に、住まわれている。御仏《みほとけ》たちは、荒れ果てた田んぼに取り囲まれるようにして坐しておられるのだ。しかも、田んぼの蛙のかまびすしい鳴き声が、かつては都であった往時の潮騒のざわめきをかき消してしまっている。

この冒頭の一節は、この作品全体の基調《キーノート》を奏でている箇所です。すなわち、ここから聴こえてくる八雲の嘆息は、失われた「過去」への愛惜、かつては栄えた武家の都、鎌倉への墓碑銘のような響き《トーン》です。寺院の荒廃ぶりを象徴するかのように、田んぼでは蛙がかまびすしく鳴いています。そしてそのさわがしい鳴き声は、往時の鎌倉の潮騒の音をかき消してしまっている。「死せる都としての鎌倉」という主題の提示が、この冒頭の一節に明確に示されています。この箇所は、今から一二五年ほど前の鎌倉の有様を一瞬のうちに把握する八雲の本質直観がさえているところです。

## 円覚寺へ参る

それから八雲と通訳の晃は、円覚寺の総門へと導かれ、三門（山門）に向います。更に歩みを進めて、仏殿の黒みがかったお顔の木造の宝冠釈迦如来像《ほうかんしゃかにょらい》を拝観します。まず、総門と三門の描写の一部を見て見ましょう。

私と晃は小さな橋を渡り、堀川を通り過ぎる。私たちはあの名刹、円覚寺の総門へと導かれる。その総門には、格式の有る中国風の屋根が付いているだけで、彫り物はいっさい施されていない。私たち二人はそこを抜け、幅広い石段を上ってゆく。更に鬱蒼と茂った樹々の間を進んでゆくと、私たちは三門のある境内へと辿り着く。この三門も、実に見事なものである。屋根は大きく反り返り、巨大な切妻が付いた二階建ての立派な外観を呈している。この三門は、四百年以上の長きにわたって風雪に耐えてきた。しかし、そんなことは微塵も感じさせない。その山門の巨大な軒先には、たくさんの鳥たちが巣を作っており、屋根の上から聞こえてくる鳥たちのさんざめきは、まるで水が流れ落ちる音のように響いてくる。

明治時代の円覚寺総門

三門は見ごたえのある建物で、堂々とした風格を漂わせ、禅寺特有の渋さが感じられます。つまり、この三門の造りには、八雲に恐怖を抱かせるような彫り物やゴシック建築様式に見られる怪物、樋嘴《ひはし》や一匹の龍も、見られない。この三門は、禅寺独自の芸術的深遠さと夢想的な要素を体現しているのだ、と八雲はしきりに感心します。

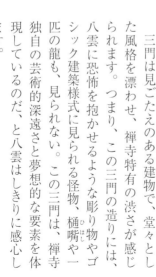

八雲らと共に石段を上って円覚寺の総門をくぐると、左右にはうっそうとした杉木立が目に入ってきます。三門・仏殿・方丈などの主要な伽藍が、一直線に並んでおり、八雲は、禅寺らしい凛《りん》とした空気感と様式美に圧倒されます。八雲は、境内のこの静かな空気に触れたとき、日常とは異なる別の次元の世界に入ったことを悟ります。今日でも、時代を越えて、私たちも同じ体験を味わうことができるのではないでしょうか。

そして、更に真直ぐ進んでいくと、仏殿には円覚寺のご本尊、高さ二メートル六〇センチの雄壮な宝冠釈迦如来像が鎮座しています。頭に宝冠をいただき、台座から法衣を重らした宋風の威厳のある半跏《はんか》像です。鎌倉武士の気風を反映してか、いわゆる「鎌倉ぶり」のりりしい顔立ちをしています。このご本尊について、八雲は次のように記しています。

仏殿の入口の上には、「大光明宝殿」と書かれた扁額《へんがく》が掛かっている。しかし、お堂は厳重な格子の柵で仕切られており、誰も中に立ち入ることは許されない。私はかすかな光を頼りに、格子のすき間から中を覗き込む。まず、大理石を敷き詰めた床が見え、次に高いくすんだ屋根を支えている太い本造の円柱が立ち並ぶ廻廊の奥まった所に、金糸の衣に身を包み、黒みかかったお顔つきの釈迦如来像が、周囲十二メートルほどもある巨大な蓮の花の上に鎮座しているのが垣間みえる。

左眼は失明しており、右眼も強度の近視であった八雲が、なぜこのように禅宗寺院の建物や仏像について細かく描写できたのか、不思議に思う方もおられるでしょう。視力の弱い八雲は、いつも望遠鏡を携帯していて、風景や建築物をつぶさに観察していたのです。この望遠鏡は松江の八雲記念館に陳列されていますが、八雲の精細を極めた描写力の秘密は、こんな小道具の活用にあったのです。

## 信心の大切さを伝える大釣鐘

「鎌倉・江ノ島詣で」の第三章では、弁天堂の鐘楼について書いています。三門の左側にある急勾配の石段を登りつめた所にあるので、今日では参拝客はその存在に気がつかないことがあるようです。知っていても、急坂なので敬遠してしまうらしい。しかし、ここは円覚寺にとっても大事なスポットといえます。八雲は見にすすめられるままに、六五〇年前に造られたという大釣鐘を見るために急坂を上ってゆきます。現在はこの石段はきれいに整備されていますが、八雲たちが登った一二五年前には、かなり危険な難路だったようです。

石段を登りつめると弁天堂が見え、その手前左側に大釣鐘がつり下っています。今日では、「洪鐘《おおがね》」と標示されています。この高台からは、緑多い北鎌倉一帯と富士山が一望できます。

弁天堂では、八雲は案内の年老いたお坊さんにすすめられて、その大釣鐘を突いてみます。八雲は弱視にもかかわらず、望遠鏡という小道具のお陰で自然や風景の描写も見事にこなしましたが、彼の最も得意とする文章の妙味は、音や人間の声を上手に文章表現に取り込む技《わざ》です。次の一節は、八雲がいかに音に敏感であったかを感じさせる箇所です。

老僧が、その釣鐘を突いてみるように私に促す。私はまず手始めに、手で釣鐘の縁を触ってみた。音楽的な音が響いた。それから、私は力をこめて鐘に撞木《しゅもく》を打ちつけてみた。すると、大きなパイプオルガンの低音部の豊かで深い雷鳴のような響きが—途方もなく大きく美しい響きが—あたりの山々にこだました。それから、小さな美しい反響音が、そのあとを追うようにして鳴り響いた。たった一度鳴らしただけなのに、この素晴らしい釣鐘は、少なくとも十分間ほどもうなり続けたのである。この釣鐘の年齢は、何と六五〇歳だという。

この釣鐘の年齢は六五〇歳だ、と八雲は鐘を擬人化しています。六五〇という数字をたんに、釣鐘の製造年月日として記す代りに、釣鐘の年齢に言い換えているわけです。つまりこの大鐘は、六五〇年間にわたって何万、何十万人の参詣者たちの手によって打ち続けられてきたのです。八雲は一回限り大鐘に撞木を打ちつけただけですが、その響きは、あたかも六五〇年分の響きを響かせて、円覚寺の境内や周囲の山々や北鎌倉中に木霊《こだま》しました。

この詩のような美しい一節から、八雲は大釣鐘にまつわる伝承へと筆を進めていきます。この話の展開ぶりは見事です。その伝承によると、文明二十年に、この大釣鐘が独りでに鳴ったことがありました。この話を人々は聞かされましたが、一笑に付した者はみな、災難に見舞われ、この話を信じた者は後に富み栄えたといいます。信ずる者は救われ、仏様のご加護がいただけたということです。これは、信心の大切さを説く仏教説話の一つと言ってよいでしょう。

さらに、ちょうどその頃、大男の僧が諸国を行脚し、円覚寺のこの大釣鐘の前で祈願するように説いてまわったことがあったといいます。この巨人のような僧は、人知を越えた力によって僧侶に姿をかえた大釣鐘であったということが、後に判明します。この一件があってからというもの、人々はこの大釣鐘の前で祈願をし、願い事を成就させたといいます。

この円覚寺の大釣鐘は、仏の道に生きる僧の化身であったわけですが、また鐘の音の響きと共に仏の教えを広くあまねく説く仏の生まれ変わりでもあったのでしょう。八雲の語る人間だった大釣鐘の話は、信仰の真髄を伝える言い伝えとして読めるのではないでしょうか。

この作品は新聞記者上がりの八雲の書いたルポルタージュ風の紀行文でありながらも、その土地にまつわる伝承や昔話を聞き書きしていく手法は、八雲独得のスタイルといえるでしょう。これから紹介する建長寺、円応寺、長谷寺に関する文章にも、同様の手法が用いられており、後年の再話文学の傑作である『怪談』（一九〇四年）に結実する、物語作家としての面目躍如たる萌芽が見て取れます。

## 建長寺のご本尊は地蔵菩薩

八雲と晃のお寺巡りの巡礼の旅は、さらに続きます。二人はもう一つの禅宗寺院、建長寺に辿り着きます。これで、二人は鎌倉の二大禅宗寺院を訪ねたことになりますが、ここで、少しその背景に触れておきましょう。建長寺の建立は一二五三年（建長五）で、開基は五代執権北条時頼《ほうじょうときより》でした。南宋から若き渡来僧、蘭渓道隆《らんけいどうりゅう》（一二一三―七八年）を迎え、日本で始めての本格的な臨済禅が日本にもたらされたのです。

禅は建長寺から日本に広まったと言われていますが、一方、円覚寺もやはり南宋からの渡来僧、無学祖元《むがくそげん》を迎え、建長寺建立の二十九年後の一二八二年（弘安五）、八代執権北条時宗《ほうじょうときむね》によって開かれました。いずれのお寺も二人の中国人渡来僧、蘭渓道隆と無学祖元（一二二六―八六年）を開山としている点は、注目すべきです。当時、禅宗は外来の新しい宗派でありましたが、鎌倉幕府の信仰の後ろ盾となりました。

八雲は建長寺に入るなり、円覚寺の建築様式と似ていることに気付きます。このお寺も中国宋代の禅宗様式が取り入れられ、円覚寺と同様に総門、三門、仏殿（これは禅宗の本堂に当ります）、法堂《はっとう》など主要な建物が一直線に並んでいます。

総門を通ると三門が控えていますが、禅寺では山門ではなく、「三門」と記しています。三門とは解脱に至るために通過すべき三つの関門―空、無相、無作―すなわち、三解脱門のことを指しています。八雲と晃はこの意味を知ってこの三門を潜り抜けたかどうか分かりませんが、今日の観光客でこんなことを意識して通る参拝者は、余程の人かもしれません。しかし、禅宗では三門を通過して、仏殿に向う参道は、今も昔も悟りへと至る道であることには変りありません。したがって、参拝者がそのことを意識するかどうかは別として、三門は俗界と聖域とを画然と仕切っている結界《けっかい》といえるでしょう。その部分を読んでみましょう。

建長寺の「天下禅林」と「巨福山《こふくざん》」と大書された二つの門をくぐって行くと、また円覚寺の境内に来たかのような錯覚をおぼえる。目の前にある三門とその先にある仏殿は、先ほど見た円覚寺の建築様式と似ているからである。

この巨大で厳粛、かつ壮麗な山門を過ぎると、仏殿の手前に、唐銅《からがね》の水盤がある。金属製の美しいかたちをした水盤は、蓮のかたちをしており、中心の噴水口から噴き出る水によって、水が水盤のふちまでたたえられている。

仏殿の内部には、黒色と白色の四角い石板が、敷き詰められている。私たちが、靴をはいたまま、お参りできるようになっているのだ。外から見ると、円覚寺と同様に、簡素で荘重ではあるが、中に入ってみると、円覚寺よりさらに物寂びた荘厳さが、際立っている。そこには、火炎の冠を背に負う仏陀の黒ずんだ像ではなく、炎のような後光の差した巨大なお地蔵様が、鎮座していた。その地蔵菩薩像は、変色した金色の大蓮華の上にお座りになっており、その高座の縁から衣の裾が垂れているのが見えた。

仏殿の手前の左側には、蘭渓道隆お手植えと伝えられる柏槙《びゃくれん》の大樹がそそり立っています。そして、その右脇に蓮のかたをした唐銅の水盤が水をたたえています。柏槙の大古木は、創建当時に中国からもたらされたもので、当時、日本にはない品種でした。この柏槙は非常に珍し

明治時代の建長寺仏殿の地蔵菩薩像

い木でしたので、建長寺に中国風の一種のエキゾティシズムの彩《いろどり》を加えていたことでしょう。柏槇の木は円覚寺にも植えられており、両寺院の創建当時の歴史を伝える貴重な生き証人と言えるでしょう。

　八雲はまた、建長寺のご本尊が地蔵菩薩であることも見逃してはいません。鎌倉の他のお寺では、地蔵菩薩がご本尊になることはめったにありませんので、これは珍しいことといえます。それでは、なぜ建長寺のご本尊は地蔵菩薩なのでしょうか。建長寺の建てられた土地は、元は処刑場だったらしく、地獄谷と呼ばれていたそうです。それゆえ、この地では、地蔵信仰が盛んだったと伝えられています。地蔵菩薩とは、病んだ者や貧しい者だけでなく、罪を犯した者にも手を差し伸べ、救済する仏でもありました。

　建長寺のご本尊、地蔵菩薩に関連し、次章では地蔵菩薩にまつわる言い伝えが挿入されています。円覚寺の大鐘の伝承の紹介と同様の手法で、八雲はここでも「過去」の話を「現在」にうまくつなぎ合わせて語っています。

　この伝承は、お地蔵様が一人の女を閻魔《えんま》大王の所から救い出す話です。女は生前蚕《かいこ》を飼い、その繭《まゆ》から絹を紡いで生計を立てていました。しかし、生き物を殺生《せっしょう》したということで、閻魔様に釜湯地獄に落とされます。すると、そこにお地蔵様が現れ、閻魔大王に、女は生前善行を積んでいたのであるから、わたしに免じて許してやってくれと頼みます。そのかいあって、女は殺生の罪を許され、娑婆《しゃば》に戻ることができたのでした。

女は生前、地蔵信仰に生きていた信心深い人でした。それで、哀れに思ったお地蔵様が姿を現わし、女の命を救ったのです。この話も、どんな人間をも救済する仏としてのお地蔵様の姿を描いた仏教説話で、信心の大切さを説いているといえます。

## 人の心を見抜く閻魔大王の眼力

次に八雲と晃は、建長寺の近くにある閻魔堂、すなわち円応寺という小寺の見学に向います。先の話で閻魔様が登場したので、話のつなぎ方としては、巧みな展開といえます。ここは私の好きなお寺で、閻魔様と脱衣婆《だつえば》の恐いお顔を見に、年に一、二度は訪ねています。このお寺は、江戸中期までは鎌倉の由比ヶ浜にありましたが、八雲の時代にはすでに現在地に移転し、臨済宗建長寺派のお寺となっています。

この本堂の十王堂には、宋風彫刻のご本尊、閻魔王坐像を中央にすえ、冥界の十王像がいかめしく並んでいます。ご本尊の閻魔王坐像は運慶の作だといわれていますが、八雲はこの閻魔像を見たときの驚きと恐怖を次のように記しています。

堂守《どうもり》は私に「さあ、ご覧下さい」とばかりに、長い杖でその幕を引き上げた。すると、薄黒い幕で覆われた、神秘の暗闇の中から、得体の知れぬ物の怪《け》が、こちらをじっと睨みつけている。私は思わずびっくりして、後ずさってしまった。それは、まったく思ってもみなかった巨大な化け物の顔であった。

その容貌たるや、煮えたぎった真っ赤な鉄が冷めて、灰色に凝り固まったようだ。威嚇的で肝がつぶれんばかりの形相《ぎょうそう》をしていた。この私の驚き様は、引き上げられた幕の背後から閻魔大王が突然姿を現したという、幾分か芝居がかった堂守の演出によることは、間違いない。しかし、当初の驚きが静まっていくにつれて、私はこの像の製作者の途方もない創造力を認めざるを得なかった。……この閻魔像が傑作である秘密は、虎のような威圧的なすごみや、ぱっくりと開いた恐ろしげな口元、あるいは顔全体にみなぎっている、ぞっとするような、おぞましい像の色彩そのものにあるのではない。それは、悪夢でも見ているような眼光にあるのである。

八雲はこの閻魔像の恐ろしい形相を見ているうちに、その恐怖の原因は、「悪夢でも見ているような眼光の鋭さ」にあることに気付きます。閻魔とは地獄の王のことで、地獄に落ちた死者たちを裁判にかけ、裁きを下すと言われています。この像は、今から八〇〇年以上も昔、日本中にその名がとどろいていた有名な仏師、運慶が彫ったといわれています。今日見ても、なるほど私たちが恐怖を感じるのは、私たちの心の奥まで見透かしてしまう、閻魔大王のかっと見開いた眼力《めじから》に他なりません。

## 鎌倉大仏に見る日本人の霊性

さて、円応寺の恐ろしい閻魔様を見た後、八雲たちは長谷にある露座《ろざ》の大仏様の見学に出かけます。鎌倉の大仏様は阿弥陀如来《あみだにょらい》ですが、六年をかけて一二四四年に完成したといわれています。当初は木像だったそうです。一四九八年は、大津波で大仏殿が流されてしまい、露座の大仏として現在に至っています。今日の銅造の像は、鎌倉時代の中頃、一二五二年に鋳造が始まった、と『吾妻鏡《あずまかがみ》』に記されていますが、完成年ははっきり分かっていません。鎌倉時代には、大仏は長谷から相模湾を見渡している、武家の都の守護神的存在でした。八雲は大仏様に近づくにつれて、その大きさに心底驚き、感動を覚えたようです。

八雲は、十一メートルもある巨大な銅造の大仏様に接近しすぎたために、後ずさって見ようとします。大仏様の全貌をじっくりと眺めようと思ったからです。しかし、俥夫たちは八雲が大仏様を恐がって後ずさっているのだと思い込み、笑い転げます。ユーモラスな場面です。八雲はしみじみと大仏様の柔和で無心の表情に見入ります。その容姿に表れている無限の安らぎに心打たれ、八雲は思わず思いのうちをこう吐露します。

……大仏様の気高く美しいお顔と半眼の眼差しを仰ぎ見ていると、青銅のまぶたは子供の眼差しにも似て、じっとこちらを優しげに視つめておられるように思われる。そしてこの大仏様こそ、日本人の魂の中にある優しさと安らかさのすべてを象徴しているように感じられる。日本人の思惟が、こうした巨大な仏像を生み出すことができたのだ、と私は考えている。

大仏様の美しさ、気高さ、この上ない安らかさは、それを生み出した日本人のより高い精神的生活を反映している。大仏様の縮れ毛や仏教上の象徴的な印《しるし》が示しているように、インドの仏像からの影響は見られるものの、その技法は日本的なものである。

先の閻魔堂（円応寺）での恐怖体験から一気に高徳院大仏殿での心和む大仏体験への視点の転換は、八雲のストーリーテラーとして力量を感じさせます。この「暗」から「明」に転ずるストーリー展開は、見事と言うしかありません。この「暗」から「明」へ、「明」から「暗」への場面展開は、この作品の結末にも、もう一度表われます。しかしながら、この一節の一番重要なポイントは、大仏様の美しい表情の中に日本人のより高い精神性を見ている点です。この作品の白眉の一つは、八雲が日本人の精神性の高さ、つまり日本人の霊性を、大仏様のかすかに微笑んでいるかのように見受けられる慈顔に見出している点にあるといってよいでしょう。

この八雲の洞察は、単に日本人への讃美といった次元にあるのではなく、八雲のきわだった直観的な日本認識の瞬間に起ったものといってよいでしょう。彼のこの日本発見は、鎌倉の大仏様を眼前にして、瞬時にして起ったのだと考えられます。

八雲は『日本の面影』の「日本人の微笑」の中でも、大仏様のいわゆる「アルカイックスマイル」を通じて直観した日本人の霊性について、こう述べています。

日本民族の道徳的な理想主義が体現されているのが、鎌倉のあの素晴らしい大仏様であるように、私には思われる。「深く、静かにたたえられた水のように穏やか」といわれる大仏様の慈顔に、込められているものは、かつて人の手が作り出した、他のどんなものにも比べることのできない「こころの安らぎこそ、最高の幸福である」（法句経）という、永遠の真理であろう。

東洋人が願い望んできた境地は、このような無限の平安である。だからこそ、究極まで自己を抑制することが、理想とされたのである。水面には新しい文明の流れが注ぎ込み、早晩、一番深いところまで、揺り動かされるには違いないが、西洋人の思想と比べるなら、それでも今なお、日本人の精神には素晴らしい平静さが保たれている。

明治時代の鎌倉大仏

私は先日、高徳院を訪ねて大仏様のご尊顔をあらためて拝見して参りましたが、この穏やかな表情を「微《ほほ》笑《え》み」と称してよいものかどうか、私にはしかと分かりかねました。しかし、当時の日本人のもっていた自己抑制と心の平静さが、大仏様の結跏趺坐《けっかふざ》するお姿と二重写しとなって反映されていると思われました。

## 一切衆生を救う長谷の観音様

八雲の巡礼の旅を少し急ぐことにしましょう。八雲と晃が次にお参りしたのは長谷寺です。八雲はいきなり文章のはじめで、長谷の観音様の仏性《ぶっしょう》について語り始めます。

私たちは今、名にし負う長谷の観音寺の前にいる。観音様は、永遠の平和のために一切を捨て去った菩薩である。観音とは、衆生の魂を救い、数百万年の長きにわたって、人間と苦難を分ち合わんがために、悟りに到る道を断念した、憐憫と慈悲の観世音菩薩のことである。

このように述べた後、八雲たちは老僧に導かれて観音堂に入っていきます。そして、あの日本最大級といわれる木像の十一面観世音菩薩像に対面します。すると、八雲は寺の縁起について次のように語り出します……。

奈良時代に徳道上人《とくどうしょうにん》は、大和の国、長谷の山中で大きな光を発する楠の霊木を見つけ、この楠の木を用いて、観音像を作りたいものだと思いました。そう願っていると、二人の仏師が上人の前に現れ、わずか三日間で、見上げるばかりの大きな二体の十一面観音像を彫り上げてしまいました。その一体は、一切衆生を救済するために、奈良の長谷寺に安置されることになりました。しかし、もう一体は海に流すことにしました。観音様の救いが日本中にあまねくゆき渡ることを、徳道上人たちは祈願したからです。

それから、海に流した一体の観音像は、十六年後の七三六年（天平八）六月、三浦半島の長井の浜に漂着しました。八雲の語るところによれば、その観音像は、真夜中に漂着したにもかかわらず、あたりに燦然《さんぜん》と光を放っていたといいます。漁師たちによって海から引き上げられた観音像は、鎌倉に移され、徳道上人をまねいて、海光山新長谷寺を開くこととなりました。長谷寺の正式名は、海光山慈照院長谷寺といいますが、この号は今紹介した開山にまつわる伝承に由来しています。

長谷寺の本尊の十一面観音立像は、総高九・一八メートルもあり、日本一長身の観音様です。寄せ木造りで、全身に金箔が施されています。八雲は、神秘の闇の中からスポットライトを浴びて現れ出た金箔の観音像に強く打たれたようで、八雲は細かく描写しつつ、庶民の中に生きる観音信仰について、讃嘆の言葉を書きつけています。

## 武家の都、鎌倉の凋落ぶり

八雲一行は長谷寺見学の後、一路、極楽寺と稲村ヶ崎を経由し、最後の参拝地、江ノ島に向います。その道中で、八雲が再び目にした光景は、冒頭でも紹介した「死せる都としての鎌倉」です。つまり、かつて栄華を誇った武家の都、鎌倉の凋落ぶりです。ここで八雲の主調音（キーノート）が、もう一度奏でられます。鎌倉が昔は華やかな都であったことを想起しつつ、鎌倉をあえて「死せる都」という言葉で呼んでいます。失われたものは、都の賑わいだけではありません。どこの寺も庶民も、貧しさであえいでいるのです。鎌倉から信仰の対象である神も仏もいなくなってしまい、道端のお地蔵様も朽ち果てるままです。八雲の失われた古き佳《よ》き日本への愛惜のため息が、再び聴こえてきます。

私たちは、長谷観音をあとにする。あたりには人家は一軒もなく、道の左右に開けた緑濃い坂道は、だんだんと険しくなってゆく。頭上に聳え立つ樹々の木陰も、いよいよ深くなってゆく。この付近の荒廃した無数の神社仏閣を見るにつけ、死せる都、鎌倉の往時の栄華と広大さをひしひしと思い知らされる。

全てが古色蒼然《こしょくそうぜん》としており、朽ち果てたままだ。長い歳月の間、風雪に痛めつけられたために、それと見分けのつかないものも、中にはあった。亡くなった子供たちの霊を守っている六地蔵《ろくじぞう》の前で足を止め、私はしばらく感傷的なもの思いにふけってしまった。この六地蔵は、所々が欠けてしまっており、汚れたまま、苔におおわれてしまっている。そのうちの五つのお地蔵様の肩には、何年にもわたる参拝者たちによって、小石が積み上げられている。死んだ子供への愛惜ゆえに奉納した色あせた涎《よだれ》掛《か》けが、何枚もお地蔵様の首にかけられている。しかし、六つの地蔵のうち一つは、おそらく通りすがりの荷馬車か何かによって引き倒され、無残にも破壊されてしまっていた。

私は、四年ほど前、八雲たちの足跡を車で辿ってみたことがあります。たしか極楽寺坂切通しの旧道沿いの成就院近くであったでしょうか、八雲が見たであろう六地蔵に出くわしました。お地蔵様は死んだ子どもの霊を守る仏様といわれています。現在、その六体のお地蔵様は、立派に建て直されていました。それで私は、八雲が見た所々が欠けた六地蔵が現代に甦ったような感動を覚えました。それから、近くに、小学校があるとみえて、下校時の子供たちが、その前で手を合わせていく姿を目にしました。心和むとても印象的な光景でした。八雲の心の中では、円覚寺の大鐘、建長寺のご本尊、大仏様、長谷寺の観音様、さらには道端の六地蔵たちは、みな、人々を救済に導く仏様として、一つにつながっているのだ、と思いました。

## 海と美の「女神の島」、江ノ島へ

八雲らは、人力俥を走らせ、極楽寺から稲村が崎、七里が浜を越えて進んでいくと、突如、眼前に海が開けてきます。すると、はるか彼方に彼らがめざす緑したたる江ノ島が、四月の明るい陽光を受けてくっきりと見えてきます。江ノ島は八雲の巡礼の旅の終着地点でしたが、彼はそこで至福に満たされた時間を過ごすことになります。その一節を紹介します。

私たちが歩みを進めるにつれ、坂道が多くなる。深い峡谷の絶壁のような険しい岩間を下り、大きく迂回する。絶壁の所から曲ってゆくと、突如海が開けてくる。雲ひとつない大空のように、青い海が広がっている。まるで夢のようにのどかな海の青さだ。

道は鋭く右に折れたかと思うと、茶色の広い砂浜を見下す岸壁の頂きに沿って屈曲する。海風が気持ちのよい潮の香りを運んでくれるので、私は肺一杯にそれを吸い込む。

はるか彼方には、こんもりした美しい樹木に覆われた緑の島が見える。陸地から四百メートルほど離れた海上に浮かんでいるこの島が、江ノ島である。江ノ島は、海と美の女神を祀っている聖なる島である。ここから眺めると、江ノ島の急な坂道や街の様子が見て取れる。ちょうど潮も引いているとだし、今日のうちに島へ歩いて渡って行けそうだ。広々とした干潟《ひがた》は、こちら側の岸の村から長々と土手道のように島へと続いている。

現在のように、片瀬側から江ノ島に通じる江ノ島弁天橋はありませんでしたから、八雲たちは片瀬海岸で人力俥を乗り捨て、江ノ島まで歩いて渡りました。しかし満潮時は、舟か人足の手を借りなければなりませんでした。干潮時でも、片瀬と江ノ島を結ぶ砂浜は、人力俥が砂にめり込んでしまうので、徒歩で行くしかなかったのです。この弁天橋は、八雲の来た翌年の一八九一年に開通しましたが、現在のような立派な鉄橋とは異なります。

八雲一行が砂浜を渡って江ノ島の玄関口に辿り着くと、青銅の鳥居が立っており、「江島弁天宮」と記された扁額が掛かっているのを目にします。その鳥居の先には一本の石の坂道が開けていて、その仲見せ通りの両側は、みやげ物屋と宿屋が軒を連ねていました。その石の坂道を登っていくと、江島神社に行き当ります。潮風にはためいているみやげ物屋の色々とりどりの染めのれんや、幟旗《のぼりばた》に目を奪われながら、八雲は通りを進んでいきます。八雲はここで螺鈿《らでん》の飾り物、たばこ入れ、煙管《きせる》などのみやげ物を買い込んだようですが、何よりのお気に入りは、ほら貝でした。これなども、松江の八雲記念館で見ることできます。

　八雲は江ノ島を海と太陽に抱かれた「真珠貝の都」とか「神々の島」といって、絶賛しています。その美しさにすっかり魅了された様子がうかがえます。「江ノ島」が「絵の島」といわれているのも、うなずけます。八雲はこの島をあえて近代化という魔の手が及ばぬユートピアのように描き、江ノ島植物園の近代的な展望塔などは無視し、一言も触れていません。ひたすら古《いにしえ》の巡礼者たちへの共感の気持ちを告白しています。

明治時代の江ノ島・青銅の鳥居

　江ノ島には、名状しがたい魅力が潜んでいる。それは、決して忘れることの出来ない、幾分か霊的な感動を伴った魅力といってよい。

　江ノ島の魅力は、この珍しい風景からのみ生じているわけではない。その魅力

明治時代の江ノ島みやげ物店

は、無数の微妙な感覚と想念とが織り合わさり、混ざり合って生まれてくるのだ。

森と海とが醸す甘く、強烈な潮の香り。血行をよくし、命を甦らせる潮風の感触。古の神秘を宿した、苔むしたものたちが呟く沈黙の哀訴。

千年もの間、聖地と呼ばれてきた場所に足を踏み入れるときに湧き上がる、漠とした崇敬の心。今日は、亡き巡礼者たちの足跡を偲べば、私は彼らに共感の念を抱かざるを得ない。

さて、いよいよ八雲の「鎌倉・江ノ島詣で」もクライマックスを迎えます。何といってもこの作品の最後の醍醐味は、江島神社の三つの宮を巡り、岩屋を参拝するところにあると思います。文章を読み進みますと、第一岩屋ではなく、第二岩屋、つまり「龍神の岩屋」の方を探訪したように記述されています。それゆえ、八雲の旅の最後の洞窟巡りは、日本人の自然信仰の原点を訪ねる旅でもあったことが明らかになってきます。そういう意味で、彼の巡礼の旅の終着地点は、この第二岩屋にあったと考えてよいでしょう。

## 江島神社参拝と岩屋巡り

江島神社は、ご存知のように辺津宮《へつのみや》、中津宮《なかつみや》、奥津宮《おくつみや》の三社から成っており、それぞれの女神を祭っています。辺津宮は一二〇六年の創建で、島の玄関口に当る所に位置しているので、「下の宮」と呼ばれ、田木津比賣命《たきつひめのみこと》を祀っています。中津宮の創建は八五三年で、市寸島比賣命《いちきしまひめのみこと》を祀っています。そして一番高い所にある奥津宮は、多紀理比賣命《たぎりひめのみこと》を祀っており、ここが本宮に当ります。

この三女神を江島明神と呼び、この三社を総称して江島神社と称しています。三女神は海運、漁業、交通の守護神として信仰を集めましたが、その後、一一八二年（寿永元年）に源頼朝が文覚上人《もんがくしょうにん》に命じて社殿を建てさせ、弁財天を祀らせたのが、今日の江島神社の始まりといわれています。

社伝によりますと、さらにさかのぼって、五五二年に欽明《きんめい》天皇の勅命でこの島の洞窟、岩屋に神を祭ったのが、神社の起源といわれています。八雲と晃はこの三つの宮を巡り、第二岩屋に当る「竜神の岩屋」の方に足を運んでいます。中世から近世にかけて、ここは修験者たちの修業の場であり、空海や文覚上人などの僧も、この岩屋に参籠し、神の功徳を得たと伝えられています。また、鎌倉幕府の初代執権、北条時政は、この洞窟に籠もり、龍の三枚の鱗《うろこ》を授かり、それを家紋にしたといわれています。

二つの岩屋こそ、江ノ島の信仰の原点といえる場所です。いやむしろ、この鎌倉湘南一帯の信仰の誕生の地といってもよいかもしれません。この岩屋は島の最南端にある、波の浸食でできた六〇〇〇年ほど昔の海蝕洞窟ですが、古くから信仰の対象となった聖域でした。

八雲たちは、第二岩屋に向いますが、はじめは行けども行けども果てしのないように思われました。しかしついに、突き当りまで辿り着きます。すると、そこにあるのはたった一つの祠《ほこら》でした。祠の中には何もありません。ただあるのは「竜の尻尾だけだ」と書いています。

しかし、第二岩屋の洞窟には、竜神が訪れる者を待っているという伝承が伝わっています。「がらんどうの祠、様々な形をした石、賽銭箱などがあるばかりで、弁天様の像は見当らない」と、八雲は第二岩屋について述べているのですが、こうした洞窟こそ、古代の祈りの場であり、江ノ島の竜神信仰が生まれた聖域であったに違いありません。海から渡来する神々を祀ったのが、弁天信仰、竜神信仰の始まりだったのでしょう。

「竜神の岩屋」を訪ねた後、江ノ島詣での一日を振り返って、八雲は次のような江ノ島讃歌で結んでいます。散文詩のように美しく、格調の高い文章です。

「神々の島」の素晴らしい一日。いまだ私たち西洋人が経験したことのない、より高質なる真昼の世界。海と太陽との間の静寂に満ちた、緑したたる聖なる高みから見下す眺めの壮大さ。光明のごとく白く、神々しさをたたえた雲が浮かぶ天空。たしかにあれは、天空の雲というより、夢幻の雲のように思われる。この雲の形状は、青色の涅槃の世界に永遠に溶けていく菩薩の霊魂なのであろうか。

この島には、弁天様の物語もある。弁天様は美の神、愛の化身、雄弁の女神である。「海の女神」と呼ばれているのも、故《ゆえ》なきことではない。海こそは、古の時代からの最も卓越した「語り手」なのだ。海は、永遠の詩人、波の韻律でもって、世界を揺り動かす神秘に満ちた讃歌の「歌い手」なのではなかろうか。その海の妙なる調べは、いかなる人間といえども、これを真似ることはできないであろう。

## 近代化する日本への眼差し

かくして、八雲一行は「海の女神」の妙なる調べを聴きつつ、江ノ島に別れを告げ、帰路につきます。場面は再び「明」から「暗」へと転じ、失われつつある日本の風習や信仰、庶民の貧しい生活ぶりに、彼の思いが及びます。帰途、藤沢では鬼子母神《きしぼじん》のお堂や庚申《こうしん》堂を訪ね、今や日本人に忘れ去られようとしている、古《いにしえ》の素朴な神々の運命に同情を寄せるのです。そうこうしているうち、帰りの機関車の汽笛が無情にも鳴り響き、八雲はもの珍しげに駅に集った日本人の群衆に見送られながら、藤沢に別れを告げます。

八雲はこの旅の終りに、「西洋文明は、至る所に張り巡らせた鉄路の網をもって、日本の古風な平和境を侵蝕している。おお、庚申よ、ここはもはや汝の道ではなくなった！　今や古の神々は、灰のまき散られた道端で死に絶えようとしている」と嘆いています。そして、近代化し、西洋化しつつある日本の行く末をしきりに案じているのです。

翻《ひるが》って考えてみますと、今や、鎌倉や江ノ島は一大観光地として、老若男女《ろうにゃくなんにょ》で賑わいを見せています。この湘南鎌倉一帯は、八雲が描いたように、「死せる都」あるいは「死に絶えようとしている聖地」とは、もはやいえないのではないでしょうか。多くの観光客に混じって、鎌倉や江ノ島を歩いてみますと、むしろ現代の日本人に日本の古い文化や信仰を見なおそうとする気運が見られるような気がいたします。

ともあれ、およそ百二十五年前に書かれた、この巡礼記を読みながら、私たちは近代化と西洋化によって何を得て、何を失ったのか、さらにはこれから何を甦らせるべきかを考えてみるべき機《とき》が来たのかもしれません。八雲の巡礼の旅は、私たちにそんなことを気づかせてくれます。

参考文献

『鎌倉の寺　小事典』（かまくら春秋社）
『鎌倉の神社　小事典』（かまくら春秋社）
『ラフカディオ・ハーンの日本』池田雅之著（角川選書）
『100分de名著　小泉八雲　日本の面影』池田雅之著（ＮＨＫ出版）
『新編　日本の面影』小泉八雲著、池田雅之訳（角川ソフィア文庫）
『新編　日本の面影Ⅱ』小泉八雲著、池田雅之訳（角川ソフィア文庫）
*Glimpses of Unfamiliar Japan* by Lafcadio Hearn (Houghton Mifflin Company)

# 鎌倉文士とその風土

伊藤玄二郎

## 文学の師・作家里見弴先生のこと

私は、里見弴《さとみとん》という作家の弟子です。里見の長兄は『或る女』『カインの末裔《まつえい》』『一房の葡萄《ぶどう》』など、数多くの名作を書いた有島武郎《ありしまたけお》です。次兄は日本に後期印象派を紹介した画家の有島生馬《ありしまいくま》です。私は里見弴をはじめ、小林秀雄、永井龍男、小島政二郎など多くの鎌倉の作家の支援を得て、昭和四十五年、月刊「かまくら春秋」を創刊いたしました。

里見弴先生の晩年の十四、五年、私は毎日のようにその謦咳に接しました。里見は明治、大正、昭和の文壇を生き、九十四年という長い生涯を全うしました。泉鏡花や夏目漱石、森鴎外も白樺派の作家や自然主義の作家も、長短の差はあっても時間を共有した作家です。文学史年表の多くの作家は私の目の前にいます。ここでは、里見の口から直接語られた作家、あるいは私が直接お目にかかった作家の話を中心に進めていきます。

例えば、芥川龍之介。彼も鎌倉に生活をした作家です。芥川は私が生まれるはるか昔に亡くなっていますから、もちろん私は、会ったことはありません。しかし、芥川は、里見の後輩なのです。芥川は、若くして自らの命を絶ってしまったので、何か遠い存在というような気もしますが私にはそうではありません。芥川が亡くなる数ヶ月前、改造社（山本実彦《やまもとさねひこ》が創業。雑誌「改造」・「人間」を発行。円本が大ベストセラーに）の宣伝講演で東北、北海道方面に里見と旅行しました。昭和二年五月のことです。

里見と芥川は、青函連絡船で青森から函館へ渡りました。連絡船の中で、芥川は盛んにおどけていたそうです。例えば、船室の丸い窓越しに長い髪をばさっと垂らして「お化けだぞ」というような仕草とか。函館に着いた時、里見が甲板に上がってみると、船尾で芥川がずっと水面を見ていました。傍に立った里見に芥川が、スクリューが起こす波の渦を見ながら、ポツリと「あそこに飛び込んだら助からないでしょうね……」と言ったそうです。それから二ヶ月後、芥川は自殺しました。つまり、芥川の自殺は、刹那的なものではなく、かねてからの覚悟のものだったのです。このような証言は芥川の自死を考える上で重要なことです。

　里見弴は、大変な名家の生まれでした。その頃は公家や華族、高級将校、官僚など特権階級の学校であった学習院に学び、志賀直哉や武者小路実篤などの級友達と明治四十三年四月「白樺」という同人誌を刊行しています。創刊当初「銀の匙しか持ったことのない坊ちゃんに何が出来るか」と揶揄されました。

里見弴

　当時は自然主義文学というのが全盛でした。自然主義文学というのは、いわば自分の生活、生き様をそのまま作品に書いていく、ノンフィクションに近い形の文学で、今にいう私小説の源流です。

　その代表的な作品の一つに、田山花袋《たやまかたい》の『蒲団《ふとん》』があります。自分の弟子である女学生に恋をし、その女学生が去った後、彼女が使っていた蒲団や夜具に顔を擦り寄せて泣くという実話に近い内容です。自然主義の作家たちの考えは、小説は作り話であってはならない、人生の真実の厳粛な記録である、という考えです。自然主義文学の旗手の一人で「早稲田文学」を主宰した島村抱月、主要メンバーの正宗白鳥や近松秋江は本学で学んでいます。

それに対して白樺派は、自分の体験だけを作品にしなければならないというのは窮屈だ、芸術は作家の理想、創造力を元にした新しい世界の創造だと主張しました。芥川龍之介は「白樺」の登場を「文壇の天窓を開け放った」と言っています。

里見は「早稲田辺り、高田馬場辺りの安い下宿で蒲団にくるまっている人間と、我々みたいなブルジョワ階級、そういう人間の違いだな」と白樺派との違いを説明しました。早稲田大学で話をさせていただいているのに恐縮ですが、里見の話はリアリティがあります。

このような話も作品を読むうえで一つの参考になるのではないかと思います。いわゆる文学的に、作者の作品を検証していくこと、これが本流の「縦糸」であれば、今日、皆様方にお話しをしていることは「横糸」の部分です。「縦糸」と「横糸」とを織り合わせて見ていくこと、これが文学を読む醍醐味ではないかと思います。

長兄・有島武郎の結婚式の写真です。武郎の妻は、初代の台湾総督・神尾光臣中将の次女の神尾安子《かみおやすこ》です。一番左が里見、一番右が有島生馬です。この三兄弟の父有島武は、鹿児島県の現在の薩摩川内市の出身で、島津藩の軽輩でしたが、なかなか「できる人物」でした。明治の元勲の一人である松方正義《まつかたまさよし》に取り立てられ、出世をしました。

大蔵省（現財務省）の国債局長の時に、時の大蔵大臣渡辺国武と衝突をして下野しました。

その時にやって来たのが、鎌倉でした。明治二十六年の話です。いわゆる鎌倉文士の源流は、ここに始まると考えてもよいかと思います。有島武は由比ヶ浜の海岸近くに粗末な別荘を建てました。そして再び中央に戻るまで数年の間、一家はそこで過ごしました。里見弴はこの鎌倉の時代の思い出を「白樺」に発表した『君と私』の冒頭に書いています。

有島武郎と神尾安子の結婚式の記念写真　明治 42 年 3 月
前列右から 2 人目神尾安子、3 人目有島武郎、4 人目有島武
後列右有島生馬、左里見弴（写真提供／藤田三男編集事務所）

志賀直哉と思しき人物が、里見の兄である有島生馬を訪ねて来ました。そして一緒に由比ヶ浜に行きます。すると志賀は、海に注ぐ滑川の桟橋から後ろ宙返りをして、水の中に飛び込み、みんなを驚かせました。志賀は、スポーツ万能でした。

さて、里見弴の本名は、有島姓ではなく、山内英夫と言います。母親は南部藩江戸留守居役の山内家の出身です。里見は母親の家名を継ぐために、山内家の籍に入りました。後年、里見は養家山内家の莫大な遺産の存在を知り、作家を目指すことになります。

今、作家という響きは悪くありません。何か文学賞でも取れば大変もてはやされる仕事です。当時はそうではありませんでした。昔、中国では、地方に散らばっている小さな話を寄せ集め、中央に伝える職業を「稗官《はいかん》」と言ったそうです。本学の支柱の一人である坪内逍遥が『小説神髄』で小説のステータスを上げましたが「稗史小説」つまり、取るに足らない仕事、取るに足りない文章。そういうものを書く仕事が小説家だというような空気が、日本でもまだまだありました。

里見は、父親から「昔から戯作者というのは、幇間《たいこもち》、髪結床《かみゆいどこ》にも等しい道楽商売だ、お前そんなものになってどうする気か」と頭ごなしにどやしつけられています。志賀直哉に『和解』という小説があります。志賀直哉は小説家になるということを父親に伝えた時、「何の因果で此の家に貴様みたいな奴が生まれたろう」と罵倒されます。『和解』という小説は、これを発端に家出した志賀と父の和解までの過程を書いたものです。

里見も、父親の目をくらませなければならないということで、ペンネームをつけようと考えました。東京の電話帳をぺらぺらとめくっていて、鉛筆をとんと突いたところ、里見という姓があった。里見弴、ペンネームの誕生は、大変単純でした。ちなみに兄の有島武郎が専業小説家の道に入るのは、父の武が死んだ後です。それまでは、札幌農学校（のちの北海道帝国大学農科大学）の教師をしていました。

## 鎌倉文士形成の背景

　鎌倉にはなぜ作家が集まってきたのでしょうか。堀口大學は丸谷才一との対談の中で「結核で寝てるよりしようがなかった。だから本も読んだ。翻訳もできた」と言い、丸谷は「日本人が本を読まなくなったのは結核がなくなったせい」と返している。つまり、今みたいに結核に対する特効薬がない時代では、文才のある人間は家で静かに寝て「文章でも書こうか」ということ以外にすることはありませんでした。

　昔は結核の治療薬はなく、空気の良い場所で栄養をとり静養をすることしか、病を克服する方法はありませんでした。日本に最初にサナトリウムつまり結核保養所ができた場所が、鎌倉でした。その後、次々と多くの療養所、保養所が建てられました。そして、後に作家になるような人物の静養する場所になっていきました。さらに東京と近く風光明媚な鎌倉には数多くの別荘が建ちます。里見が師と仰いだ泉鏡花は、明治二十四年のひと夏を鎌倉で過ごしているのは興味深いものがあります。

　白樺派のメンバーの一人に、長與《ながよ》善郎《よしろう》がいます。父専齋《せんさい》は岩倉具視の欧米視察団にも選ばれた明治を代表する医学者です。長與家の別荘も明治二十年頃から鎌倉にありました。まだ『白樺』という雑誌は刊行されていませんが、「里見弴がいる、有島生馬、長與善郎がいる」ということで、後に作家になる白樺派の仲間達が鎌倉に集まってきました。森鴎外の病気を診断した額田晋博士が開院したサナトリウム額田病院で、入院していた倉田百三の病室に倉田、長與、有島武郎が顔を合わせたことがありました。

大正十二年九月、関東大震災が起きました。震災当時、里見は逗子に住んでいましたが逗子も震災にやられてしまったため、翌年鎌倉に移りました。大正十四年、久米正雄も鎌倉にやってきました。里見、久米は、交友関係が大変広かったので、友が友をよぶという恰好で多くの物を書く人間が鎌倉にやってきました。この二人の作家が鎌倉文士を形作る大きな要素になったのではないかと思います。

鎌倉では、里見よりむしろ久米のほうが行動力があり目立つ存在でした。永井龍男は、『文壇句会今昔』という本の中で、久米を次のように書いています。

「明治大正を通じて、狭い世界に閉じ籠もっていたわが国の文学、文学者は、大正期の末頃からにわかに社会性を帯びたが、久米正雄は当時の文壇を代表して一般社会に送り出された選手であった」

事実、派手な才能人であった久米は、昭和八年に鎌倉ペンクラブを結成、翌九年、鎌倉カーニバルの開催、戦争中の貸本屋鎌倉文庫の開店から、戦後の出版社鎌倉文庫の創設など、久米の足跡そのものが、鎌倉文壇史と表裏一体となっています。昭和七年、町会議員選挙に自ら立候補して、首位当選を果たしているのも、いかにも久米らしいことです。

## 「鎌倉ペンクラブ」

昭和八年に「文學界」という雑誌が創刊されました。この「文學界」の主だった同人であった小林秀雄、林房雄、川端康成、それから深田久弥《ふかだきゅうや》といった作家が続々と鎌倉に移ってきます。

鎌倉ペンクラブの名簿が手元にあります。昭和十三年四月現在のものです。

この年の会長は久米正雄。幹事は、永井龍男、大島十九郎、菅忠雄、深田久弥。事務所は深田宅とされています。会則は次の通りです。

会　名　鎌倉ペンクラブ
会員資格　鎌倉及その近郊在住の文筆に携わる紳士淑女にして会員の推薦に依り、全会一致之を適当と認めたる者を会員とす。
会の目的　会員相互の親睦の為の社交機関たると共に文化団体としての使命を果たすに在り。
会　費　会費一年五円を徴集す（便宜上二期分納）会費の使途は、通信費、会務、雑費に充つ。年二期会計担当幹事より会計報告をなすものとす。

メンバーは、林房雄、大佛次郎、大森義太郎、大岡昇平、太田水穂、川端康成、横山隆一、中里恒子、野田高梧、山本実彦、山田珠樹、今日出海、小杉天外、小林秀雄、小牧近江《こまきおうみ》、里見弴、三好達治、島木健作、神西清（名簿順）。ほか四二名である。

これだけ豪華な顔ぶれからすれば、何か大きな運動も可能だったと思われますが、ペンクラブの活動はさして特筆するものはありません。年に一度か二度発行されたと思われる「鎌倉ペンクラブ会報」にあるのは、会員の消息と、目をひくのは中原中也の葬儀に花を送ったぐらいのことです。ペンクラブは当初より、文学的目的のために結成されたものではなく、たまたま職業を同じくする人間の友好的な集まりであったのだから、むしろそれは当然のことと思われます。昭和二十六年に幕を閉じるまで、三十年近くつづいたのは、クラブの性格がゆるやかであったからでしょう。

ワラ半紙に刷られた里見の筆になる「鎌倉ペンクラブ解散通知」があります。

「前略　昭和八年以来の永きに伝統をもつ鎌倉ペンクラブも、会費の滞納者多く（その原因が幹事の怠慢にあるか、会員の無関心にあるかは問わず）、永らく有ってなきに等しき存在を続けて参りまして、今や自然消滅に瀕して居るかに存ぜられますので、いっそこの際解散して了っては如何かと、小島、大佛両長老や、幹事諸君にも諮りましたところ、早速のご同意を得ました。然る上は、改めて総会を開くに及ばないことと存じ（よしんばさうしたところで、参集者が僅少なること明白なるが故）茲に会長の名に於て、当クラブの解散を御通知申し上げる次第です。なを多少の御異存もあろうかとは存じますが、この際、それに対しての御答弁は、一々申し上げかねますことを御諒承下さい。

開店当時の鎌倉文庫　（清水崑原画　横山隆一写）
右から横山隆一、大佛次郎、小島政二郎、久米正雄
左上欄外　高見順

36年3月　会長　里見弴」

いかにも里見の気性を物語る文章です。里見が、いつから会長職を受けたのか、これも定かではありませんが、堪忍袋の緒が切れた感のある文章です。里見は、常に好き嫌いははっきりしていて、中途半端な状態は好みませんでした。その辺りが里見を評して〝醒めた作家〟といわしめるゆえんと思われます。昭和三十六年といえば、鎌倉ペンクラブ設立に意欲を燃やした久米が逝ってから十年を数えます。ここまでクラブを持ちこたえれば、久米に対しての義理もたった、という思いが里見のなかにあったのではないでしょうか。

　そして何よりもいえることは、里見はこの頃もうすでに七十の半ば、……鎌倉文士の多くが老境に入って〝遊び心〟を失いつつあったというのが、鎌倉ペンクラブの始末の真相かもしれません。

久米・里見が設立したこのペンクラブは、解散してしまいますが、鎌倉に今でも多くの作家が在住しています。今から十五年前に、「ペンクラブを復活しよう」ということで、平成十四年、本学の卒業生でもある作家の三木卓さん、井上ひさしさんと私の三人で「第二次ペンクラブ」を結成しました。平成二十三年から、私が四代目の会長ということで、活動をしています。メンバーには、石原慎太郎さん、村松友視さん、藤沢周さん。それから『魔女の宅急便』の作者で、角野栄子《かどのえいこ》さんは早稲田の出身です。作詞家の阿木燿子さん、解剖学者の養老孟司さんもメンバーです。学者や寺社仏閣の神官、僧侶が多くいるのも鎌倉ペンクラブの特色です。現在約一八〇人の会員がいます。

## 貸本屋「鎌倉文庫」

昭和二十年四月六日。鎌倉市二階堂にある久米正雄邸には、川端康成、高見順、小林秀雄、中山義秀らのいわゆる鎌倉文士が五人、顔を揃えていました。

先年まで、美しい花々に彩られていた庭に、数十条の畝が連なり、ホウレン草や冬を越したそら豆が植わっていました。また、にわかづくりの畑の傍には、ほんの数日前までは、屋敷のまわりを囲っていた桐の枝々が、即席の薪と化して積まれていました。

前年の戦局の激化、日増しに濃くなる敗色は、当時の文壇で、華々しく筆をふるっていた久米正雄にも無縁ではなかったのです。それでも、新聞社や映画会社から月々の決まりがあった久米は、恵まれている部類で、大方の出版社が休業状態のため文士たちは、日々の糊口をしのぐのがやっとでした。

川端康成は、一年の間に雑文を一本書いたか、書かぬかといったようすで、所得税の対象にもほど遠く、軽井沢の別荘を手放し、久米も赤倉のスキー小屋を二束三文で叩き売った。自転車に乗って、高見順宅へ配給の煙草を届けに行った小林秀雄は、高見から託された品物といっしょに、自身の愛用の骨董品を、伊東のオークションへ運びました。

文士は誰彼を問わず、いわゆる〝売り食い生活〟をしいられていたのです。筆一本に生活の糧をもとめていたので、問題は深刻でした。住む家と、食糧にこと欠かない地方への疎開をすすめる声もありました。しかし、住みなれた鎌倉の地を離れようというものはひとりとしていなかったのです。

鎌倉の地を死守することに話がおちつくと、大佛次郎は、食料品もだが塩も必要だと、自宅の五右衛門風呂の大釜で塩をつくろうと、まじめな顔をしていいました。

久米は、自宅の裏山に三千円をはたいて防空壕を掘らせました。川端は、自らスコップを手にして掘りました。その場面に出くわした久米が、「たいへんですね」と声をかけると、「頼むと三千円かかります。三千円を原稿で稼ぐというのは、たいへんですからね」

と、川端は川端らしい表現をしたのです。生活はかなり切迫していたのです。だから、その日、久米家に集まった「鎌倉籠城・死守」組の面々の話は、「籠城」の対策をいかに講じるかに集中していきました。

高見の『敗戦日記』には、この日のようすが次のように書かれています。

「四月六日（中略）久米家へ行く。小林はさきに来ていた。（中略）貸本屋の話が出て、急速に具体化しようということになった。（中略）発案者は久米、川端。

駅前に家を借り、鎌倉文士の蔵書を蒐めて貸本をやろうというのだ」

もちろん、このどん底に近い生活から脱出を図る目的であった。と同時に、当時、街には書物など皆無にひとしく、読みたくても、それを手に入れるのは至難の業。そこで、自分たちの蔵書を提供して、街の人々に娯楽と教養を与えようという意図でした。

久米の『わが鎌倉文庫の記』によれば、久米は川端のこの思いつきを、以前に永井龍男から聞いています。にぎやか好きな久米はそのとき、一も二もなく心が動いたが、反面いざ実行となると、三も四もなく躊躇したと書いています。それは、

「ことをブチこわす達人はいても、事をもりたてる根気と、熱心さのある文士はすくない」

と武士の商法ならぬ文士の商法に、心中不安を感じていたからです。

その心を見すかしてか、

「ひとつ本気でやってみましょう。なんならぼくが番頭になって、帳面つけてでもなんでも、できるだけやってみますから」

と高見はいい、川端は、

「やるなら商売ですからね。いいかげんにはやれませんよ」

とつよい調子で、あのギョロリとした目を剥いたといいます。

こうしたやりとりを経て五月一日、後に出版社に発展した貸本屋「鎌倉文庫」は、鎌倉の目抜き通り、若宮大路に開店しました。本の収集、店番、貸し出し、帳簿づけ—、貸本屋の運営は文士だけでなく、その家族総出の協力があって維持されていきました。

鎌倉文庫には、読書に飢えた人々に文化的娯楽を、という高邁な理想もありましたが、作家たちも飢えは、まずは食物でなければおぎなえないことは十分承知していました。久米はこの日まで、大事にしまっておいた上等な短冊を惜し気もなく切り、横山隆一がリノリュームで彫った判を押し、図書券としました。川端たちが手車やリュックサックで、本を持ちこみ、店番をする姿に、〝もったいないことを〟と町の人がいうと、〝食うのだもの、なんでもない〟と川端は答えたといいます。

川端夫人がリヤカーを引き、蔵書を集めてまわれば、高見夫人は、本が山積みされた籐でできた乳母車を押した。久米夫人は、店の奥まったひと部屋で、慣れぬ手つきでそろばんをはじいた。検算するたびに、金額はちがっていた。

開店の日のようすを、久米は『わが鎌倉文庫の記』の中にこう書いています。

「店開きの日は、五月の鎌倉に特有の、霽《は》れた風のある日和だった。せめて今日一日だけは、サイレンが鳴らないで欲しいと、手傳ひの夫人たちが異口同音に云ったが、幸ひに警報は出なかった。開店時間前、半分戸を開けて、水を打ってゐると、既に一人の若い婦人が、紛れ入って了って、雑誌の陳列棚から離れず、分厚な主婦の友を携えて、時間前だらうが、大船からわざわざ来たのだから、賣って呉れと云って訊かなかった。續いて、横須賀の海兵團から一人の主計士官が、水兵一名を連れて、部下に讀ませるものは無いかと、時間前からわざわざ探しに来、新青年の綴込と、探偵小説の五六冊を、借りて帰って行った。――店を開ける前から婦人と軍人、満天下の要望（？）を担ってゐる事と、幸先がいい事は是でわかった」

新聞にとりあげられたこともあって、初日の申込者は百人を超えました。保証金も千円をオーバーしました。店は日増しに客足が増え、途中で本を再び集めてまわるという好調な滑りだしでした。開店月五月の、川端苦心の手になる配当金表は、次の通りです。

久米　正雄　九一一円四四銭
大佛　次郎　六五九円二〇銭
高見　　順　四七二円三三銭
小島政二郎　二九九円九五銭

当時の一流会社でも、部長の給料は月七五〇円でした。インフレーションは、値千金のインスピレーションを生み出したわけです。

やがて戦争が終わりましたが、この「鎌倉文庫」に、文化の潤いを求めて、本を借りに来る人はまだまだいました。

これは高見夫人、高見順の夫人の話です。店先に立っていると、「何か一番厚い雑誌ありませんかね」と、いかにも上流階級然としたご婦人が本を求めに来ました。理由を聞くと、「トイレの紙に事欠いている」と答えられました。これも、時代を反映する話だと思います。川端は「鎌倉文庫は悲惨な敗戦時に、唯一開かれた美しい心の窓であったかと思う」実に小さな店にすぎないが、日本一の親切な店、読者と経営者である文士たちの間には、親しい心が潤い通っていたと語っています。

戦争が終わると、いわゆる「カストリ雑誌」を含めて続々と本、雑誌が発行されるようになりました。そうすると、もはや貸し本屋「鎌倉文庫」の存在価値は段々薄れてきます。後にこの貸し本屋は東京で、出版社「鎌倉文庫」として再スタートします。

## 思い出の作家・小林秀雄

里見弴先生を中心に話を進めてきました。

最後に私にとって忘れられない二人の作家のエピソードをお話ししたいと思います。小林秀雄さんは、「評論の神様」と言われます。しかし、お酒が入ると大変な人でした。カラミ酒なのです。里見邸でよく寄り合いがありました。小林が酔いだすと一人二人、座を立ち、そして里見先生も、「僕はもう寝るよ。お先に失敬」と、隣の寝間に入ってしまいました。残されたのは、私一人ということになります。小林のホコ先は、もっぱら私に向けられることになります。今で言う、「いじられる」、絡まれているのだと分かっていても、聞き流せない私の性格が火に油を注ぐことになります。この夜も集中砲火を浴び、それはかなり執拗なものでした。さすがの小林も後で気になったらしく、翌朝「宅が大変失礼を申し上げたようで」と小林夫人からご丁寧な電話がありました。

その後、数日して、小林邸に行く機会がありました。応接間で小林はモーツアルトを聞いていました。小林の日常のスタイルです。「まァそこへ座れ」ということで、私は座りました。すると「君は島木健作が好きだそうだな」と言います。なまじっかなことを言うと、何を言われるかわかりませんので、私は黙って聞いておりました。

すると「何か読んだかい」小林がそう聞くので「いいえ、一冊も読んだことがありません」ただ、私が前に勤務していた出版社で島木の『生活の探求』を出したので、名前と作品名を辛うじて知っています、と正直に答えました。

「しょうがねェな」と小林は苦笑しました。君も鎌倉で仕事しているのだから、少しは頭にしまっておけ、得意の説教口調で言うと、島木のことを話しはじめました。こんなことは今まで、一遍もありませんでした。数日前、私にひどく絡んだことへの、もしかしたらその罪ほろぼしのつもりか、などと想像をめぐらしている内に話に引き込まれました。

小林はかつて鎌倉の亀ヶ谷という谷戸に住んでいた当時、道を隔てた真向かいに島木も住んでいました。島木の『扇谷日記』を読むと、両者が一方ならぬ好意を持ってこの谷戸の中を行き来しているのが窺えます。島木の骨董の手引きをしたこと、吉原に女郎買いに連れて行ったという話まで含めて、島木の話を延々と語りました。

私は、小林邸を出て、事務所に戻ると、記憶にあるものを目いっぱい原稿に直しました。そして数日して小林邸に行って、「この間の話をこういうふうに書き留めました。見ていただけませんか」と頼みました。「その辺に置いて行け」。これは「承知した」という小林独特の言い方です。

「里見弴全集」出版記念の会で
右から里見弴、小林秀雄、永井龍男、阿川弘之が一堂に会した写真

数日してから電話がかかってきて、「おい、できたから来いよ」ということで小林宅へ行きました。すると、私が書いた以上に赤の文字が入っていました。「小林先生、これは書き原稿じゃないですか。これを原稿として発表させてください」と言いましたら、「それは駄目だ」、小林は同じセリフを二度くり返し、原稿用紙の書き出し部分に小林秀雄と署名し、文末に「談」と書きました。やはり小林秀雄の文章への厳しさの源は、そういうところにあるということを痛感しました。

## 剃刀《かみそり》・永井龍男

「剃刀」と編集者や作家仲間に恐れられました永

井龍男さんも厳しい人でした。私が初めて原稿を取りに行った時のことです。通りから玄関先まで少し距離があって、約束の時間に少し遅れました。一分と遅れていないと思いますが、玄関の戸をがらっと開けると、上がり框《かまち》のところに永井が正座をしていました。「君、何時だと思うんだ」と言われ、「〇時〇分です」と答えたら、「時間を過ぎている」。続けて「他人の家に行くという時には、時間を守ることが鉄則だ。五分前に戸を開けろ。もし門から玄関先まで遠いところであれば、十分前に門先に着け。そして玄関前で足踏みをしていて、五分前になったら玄関の戸を開ける。これが編集者の行儀というものだ」。永井は文藝春秋の名編集者を経て作家になった人物です。

永井は、折り目の正しい方でした。里見先生が存命の間は「君は里見さんの人だから」と個人的に決して私に声をかけませんでした。永井からしばしば連絡がくるようになったのは里見先生が亡くなってからです。そういう節度を守るのが、永井龍男という作家でした。

里見先生が生きているうちに、一度だけ永井からお電話がかかってきたことがありました。暮れのことでした。「今日、里見先生のお宅に行きたいので、お供してくれるか」と言うので、お宅に迎えに行くと、通りへの路地の出口で永井はすでに待っていました。手元に風呂敷で包んだお酒と思しき包みがありました。それと、何やらふんわりとしたものがありました。タクシーで数分の扇ガ谷という里見先生のお宅に着きました。すると永井は、その包みを解いて里見先生に差し出しました。何やらふんわりとしたものは、繭玉《まゆだま》だったのです。

永井と里見先生は、そこでひとしきり世間話をしました。

「実はですねェ」

里見の話が切れるのを見計らうと、永井は

「このあいだ、小林にやられたんですよ。『最近読み直したんだけど、おまえの小説はつまんねェな。みんな同じじゃねェか』こういうんですよ」小林とはもちろん小林秀雄のことです。

さらに永井は語気を荒げてまくしたてました。

「いいんです。小林が読んでつまらないっていうんなら私も意見は承りましょう、という気分になります。しかし、その後がシャクにさわるんです。『俺は読んでないよ。そう人が言ってた』と言いやがるんです。それだけでもひどいもんです。そして、そのあと小林は横を向いて、こう言ったんです。『女房がそう言ってたよ』これが小林の殺し文句なんですねェ」癇癪を懸命に抑えながら話す横顔を見てその時、私はその日の永井の電話の意図を理解しました。

里見先生はそれについて、「今度のこと（文化勲章受章）で、ボクもそうだけどキミが安心しちゃ困ると小林は言いたかったのじゃないかね」と永井を諭すように話をされました。

或る時、立原正秋さんと一軒の飲み屋の暖簾をくぐろうとしたときでした。カウンターの一角に小林秀雄と永井龍男が腰を据えているのが見えました。

「やめときましょう。河岸を変えましょう」

あの鼻っ柱の強い立原は私の返事を待たないで踵を返して元来た道を引き返したことがありました。小林、永井の存在が少しお分かりいただけると思います。

ある日のかまくら春秋社編集室
右から田村隆一、筆者、伊藤海彦、山崎方代

多くの作家に触れることはできませんでしたが、最後にまとめとして、鎌倉の文学的な風土、鎌倉文士とはどういう存在だったのかについてお話ししたいと思います。

私の編集室の写真があります。歌人・山崎方代《やまざきほうだい》、詩人の伊藤海彦、田村隆一《たむらりゅういち》、偶然に顔を合わせた一枚です。こういう人達が町の飲み屋さんや或いはお寺の庫裡や各々の作家の仕事場に何となく集まってきました。そういう町が鎌倉です。「和而不同」（和して同ぜず）、つまり「仲良くやるけれども個性を尊重しよう」という考えは、白樺派の根本的な考えです。里見弴という文壇の長老を中心に小林秀雄、永井龍男、堀口大學、今日出海など個性の強い作家たちが文学青年のように時にぶつかり、酒をくみかわしていた。「和而不同」の作家たち、それが鎌倉文士ではないかと思います。

最後にもう一枚写真をお見せします。「白樺派」というのは、先ほど申し上げたように学習院の子弟が寄り集まった言ってみればブルジョワ文学の一派です。「銀の食器、銀の匙でしか食べたことのない子供達に、何の文学ができるのか」と、当時の文学者から揶揄されたことも前にお話ししました。

小牧近江『種蒔くひとびと』の出版記念パーティー
着席している右から小牧近江、里見弴。挨拶は「種蒔く人」の創立メンバーである金子洋文

鎌倉にはその対極にいるプロレタリア文学の重鎮小牧近江が時を同じくして住んでいました。小牧はプロレタリア文学の初めての雑誌「種蒔く人」を創刊したメンバーの一人です。その小牧近江の出版記念会に、里見が出席した時のスナップです。つまり、鎌倉の文壇は、思想やジャンルを超越、世代をまたがり、文学という旗の下に行き来する「仲間たち」と表現するのがよいかと思います。

参考文献

『風のかたみ』伊藤玄二郎（朝日新聞社）
『末座の幸福』伊藤玄二郎（小学館）
『現代鎌倉文士』鹿児島達男（かまくら春秋社）
『かまくら文壇史』巌谷大四（かまくら春秋社）

# 鎌倉時代の歌人たち

尾崎左永子

## 和歌はどのようにして誕生したか

「鎌倉時代の歌人」、といいますと、おそらくは誰方でもまず「源実朝」の名を真っ先に思い浮かべられるのではないでしょうか。悲劇の将軍といわれ、繊細な神経、文化的な華と若さを持つ実朝でしたが、二十八歳の若さで、鶴岡八幡宮の社頭で殺されました。

ところで、実朝の名を今に伝える「和歌」とは何なのか。平安時代に貴族社会を華やかに彩った勅撰和歌集。『古今和歌集』（九〇五）をはじめとして、後撰、拾遺、これを「三代集」といいます。それに次いで、後拾遺、金葉、詞花、千載、新古今。これを含めて「八代集」といいますが、それはほとんど、平安文学のバックボーンといってもよい「ことばの文化」を支えてきました。その中心の詩型である「和歌」とは何か。

和歌といえば「五七五七七」の定型を持つ短詩型ですが、すでに古代の『古事記』にもその型は残っていますし、『万葉集』では、総数四五〇〇首をこえる歌の内、四二〇〇余りは「短歌」の形をもっています。「五七．五七…」と続いて行って「七七」で終わるのを「長歌」、これに対して「五七五七七」の型の歌を「短歌」。「みじかうた」また「たんか」と呼びます。短いから短歌、なんですね。この「短歌」の型が、王朝時代から、明治中期まで「和歌」とよばれるようになっています。

では、その「短歌」がなぜ永い間「和歌」とよばれて来たのか、ここでちょっとお話ししておきたいと思います。

「和歌」とは「大和歌」(やまとうた)という意味で、「漢詩」すなわち「からうた」に対しての呼称です。このことばが世上に広まったのは、醍醐天皇が勅令によって撰進させた勅撰集『古今和歌集』によってはじまったと考えてよいと思います。平安時代も中期になり、藤原氏の政治勢力が非常に強くなり始めた頃です。当時の政治家や文化人の教養としては、漢文漢詩が巧みであることが求められました。

現代では英語に秀でていないと官僚としても出世できませんが、同じように、当時は漢文漢詩の拙《へた》な人は、「無学」といわれました。『伊勢物語』の著者といわれる在原業平《ありわらのなりひら》のような和歌の達人でさえ、「ほぼ無学の人」と書かれていますし、出世も出来ませんでした。

平安中期、醍醐天皇は、藤原時平らの力が抑えられず、菅原道真を配流したことを悔むお気持ちもあられたかと思うのですが、それまでは漢詩に比べて私的なもの、と思われていた日本特有の「和歌」に光を当て、政治の力の及ばない文化の基盤を立ち上げようと考えられたのかもしれません。藤原氏のような政治的力量を持たない紀貫之、凡河内躬恒《おおしこうちのみつね》などの小族を選者に選び、古今に亘る日本の名歌を選ばせました。これが後の「和歌」の伝統を作り上げた最初の勅撰和歌集『古今和歌集』なのです。

この時、「和歌集」ということばが初めて使われました。すでに遣唐使の廃止された頃でもあり、「漢」に対して「和」に、改めて光を当てる気運も生まれていたのでしょう。この和歌集は、当時の宮廷貴族たちにとっては知らずには過ごせない教養となりました。すでに「かな」が生まれて、女人たちもみな、歌のやりとりを「文字」で、できるようになっていましたから、本来「声」で伝えていた「歌」が、「文字」として皆の共有する文化的財産になったとも言えると思います。

さて、そのあと、代々の勅撰集が生まれ、『後撰集（後から選んだ集）』『拾遺集（遺った秀歌を拾った集）』をはじめ、その八集目に、後鳥羽院の下命による『新古今和歌集』（一二〇五）が生まれました。この勅撰集は、非常に繊細優美で、滅び行く王朝の美を湛えた歌集です。そして、この勅撰集の生まれた時は、すでに「鎌倉時代」に入っていました。

「実朝」の名は、じつは、この集に情熱をそそぎ込んだ後鳥羽院から直接賜った名であることを、覚えておいて頂きたいのです。後鳥羽院は実朝没後、承久の乱によって北条氏から追われ、隠岐に流されて十九年籠居の果てに、その地で崩御されました。その御陵は今、京都の大原三千院の先に、小ぢんまりと鎮まっています。

## 頼朝から実朝へ

実朝の父である源頼朝。この人は苦労したあげくに鎌倉幕府を開いたわけで、軍事力と政治力の両方を掌握して、はじめて武家政治を確立した人ですから、武家の頭領としての器量があったのは確かですが、意外なほど、和歌に巧みでした。武家というと何か力で周囲を制覇して鎮圧していくという、反文化的な集団のように思われがちですが、源氏にしても平家にしても、元来は天皇の直系の子孫なんですよね。

反対に、公卿貴族として政治も文化も掌握してきた藤原氏の方は、もともとは民間の出身で、娘を天皇の側に挙げて、その間の子を次々に皇位につけて政治を巧みに握っていく。しかも経済力を持っている。源氏や平家は地方に追われたり藤原氏の下に付いて守護する形となる。上下関係にしても文化性にしても、藤原系の中でも一番勢力のあった北家の流れの下に付く他はない。それでも血脈の誇りみたいなものは、平清盛にしても、源頼朝にしても、強く持っていたでしょう。

鶴岡八幡宮（写真提供／鶴岡八幡宮）

頼朝はやはり、源家の頭領としての教養は十分意識して、自分のものにしていたでしょうし、実際、和歌は巧みに作りました。『拾玉集』という歌集があるのです。天台宗の貫主をして和歌でも名高い慈円というお坊さんがいます。関白忠通の子で、当時の若い摂政太政大臣藤原良経の叔父さんに当ります。ヨシツネというとつい源義経を想像する人も多いと思いますが、ヨシの字が異なります。この人は「秋《あき》篠月清《しのげっせい》」という名で歌集を遺した人で、『新古今集』の後楯となった人。三十代で早逝していて、これも毒殺説があったりして、難しい時代だったのです。

その良経の叔父、大僧正慈円は西行とも仲が好かった人ですが、この『拾玉集』の中に、頼朝とのやりとりの、いわゆる「消息歌」が七十七首位のこっている。約半分は頼朝の歌です。消息が来ればすぐに歌の返答をする。文芸的な「創作歌」ではないけれど、巧みなものです。

それに勅撰の『新古今和歌集』にも、頼朝の歌が二首、選ばれて載っている。『新古今』は後鳥羽上皇が醍醐天皇よりももっと大きな大切な和歌集を編もうとして、何千首何万首の中から撰んだのですから、その中に二首入集しているのは、当時としては大変な名誉でもあるし、価値を認められていたことでもあるのです。


道すがら富士の煙《けぶり》もわかざりき晴るるまもなき空のけしきに　頼朝

この歌なども、もしかすると慈円から、「京から鎌倉へ帰るのに、富士を見たか」なんていう手紙が届いて来ての返事かもしれません。頼朝は京の藤原氏を中心とする上卿《しょうけい》たちとも巧みにつき合うだけの文化性をきちんと身につけていました。

この頼朝の文学的というか、文化人としての才能を、実朝ははっきりと承け継いでいたのだと思うのです。兄の頼家の方は、歌は一つのこっていますけど、文芸的才能はほとんど皆無だったと思われます。

父の頼朝が亡くなった時、実朝はまだ八歳でした。そして十二歳の時には征夷大将軍の地位につかねばなりませんでした。権力はすでに母政子の実家である北条氏に移っていたと見られますから、この心やさしい少年は、その言いなりになる他、生きる道のないことは、早くから悟っていたでしょう。周囲では絶えず、「比企の乱」や「牧の方」の陰謀が渦巻き、人の死を嫌という程見ているのですから。もともと武家の頭領としての資質とは程遠く、武家連中から見ればひよわな文化人だったので、いわば人形として表に立たされていたわけです。

実朝が『新古今和歌集』を手に入れたのは、元久二年といいますから、十四歳の頃です。実朝の命により、内藤知親が京都から持ち帰ったといいます。この人は藤原定家の門下にいましたから、自ら写本を作って持ち帰ったのかと思われます。このころにはすでに実朝は和歌を作っていて、十八歳の時には知親に命じて、初学以来の和歌二十首を、藤原定家の許に持参させて「合点《がってん》」を受け、また歌論書『詠歌口伝《くでん》』を献上されるのです。それから四年、二十二歳の青年実朝は、自らの手で自作の歌を撰び、『金槐和歌集』を編みました。

『金槐和歌集』は『鎌倉右大臣家集』とよばれていて、「金」は「鎌倉」の金《かね》偏、「槐」は漢文風の「槐門」(大臣)を意味しているといわれます。実朝の命名ではないのです。しかも二十二歳という若さでの自撰家集ですから、全体にはいくらか和歌練習帳のような趣のある作品も多いのです。当時は古歌を下敷きにして、その上に自らの感性で捉えた作を佳しとしましたから、名歌そっくりのことばも多いのです。

雁鳴きて寒き嵐の吹くなべに龍田の山は色づきにけり（二一六三）

などというのは、『万葉集・巻十』の「雁がねの来鳴きしなへに唐衣龍田の山は色づきにけり」の歌を踏まえているわけですけれど、少々似過ぎていませんか。それに実朝は鎌倉から上京したことがなくて、せいぜい箱根権現まで位しか行っていないのです。実景ではない、「お稽古歌」なのですね。

ところが、実朝は、歌集の形として勅撰集の分類法に従う形で、春、夏、秋、冬、賀、恋、旅、雑、に分けているのですが、この中で「雑《ぞう》」の歌の中で、じつにいきいきと、自分の見たもの、自分の感じたものを、率直に、大胆に、自分の言葉で表現しています。そこには、今まで誰も展《ひら》けなかった世界が広がっているのです。

## 実朝の歌の世界

例えば「慈悲の心を」の題で、

ものいはぬ四方《よも》の獣《けだもの》すらだにもあはれなるかなや親の子を思ふ（六〇七）

「慈悲の心」、つまり衆生《しゅじょう》に対する仏さまの心、それは親が子を思ふ真情のようなものだ、といっているのですが、人間ばかりではない、そのあたりに棲む獣でさえ、そういうまじり気のない心を持っている、というのです。でも、たいそう強い言い方ですよね。「すらだにも」なんて、京都風の和歌では全く見かけない。「あはれなるかなや」もそうです。ことばで心情的にぐんぐん押してくる。これは、やはり実朝の持つ武家育ちの一面なのかもしれません。でも、率直で嫌味がない。本気でそう思っているのが伝わってくる。明治末期の石川啄木みたいなところがあります。古いことばや調べにこだわらないで率直にいう。雁の歌なんかの都風の歌に比べたら、明らかに個性的で、実朝的です。「実朝調」をすでに獲得しているのですね、二十二歳にして。

いとほしや見るに涙もとどまらず親もなき子の母を尋ぬる（六〇八）

これには詞書がついていて「道のほとりに、幼き童《わらわ》の、母を尋ねていたく泣くを、そのあたりの人に尋ねしかば、〈父母《ちちはは》なむ身罷《みまか》りにし〉と答え侍りしを聞きてよめる」とあります。幼い子が泣き叫んでいるのを見過ごせない。やさしいんです。やさしいのはいいけれど、武家の頭領としては困る、と思っていた人も多いかもしれない。

しかも実朝は始終病気をしています。『吾妻鏡』を読んでいると、痢病だの疱瘡だの、急病だのと、政務を休むことも多かった。お母さんの北条政子はしっかりした人、というよりしっかりしすぎていて、源家よりも実家の北条氏の方が大切というか、長子の頼家を見殺しにしているし、実朝が子を作らず、その代り、源家最後の一人として右大臣にまで位を昇りつめる意向を苦々しい思いで見ている。実朝が八幡宮境内で殺されるのも、おそらくは見殺しです。

しかし、実朝の方は「獣さへも親は子を思ふ」のだ、といっている。もしかすると、人間の親は子を思わないのか、という実朝の反語かしらんと思えてしまう。実朝はそういう皮肉をいえる人ではありませんが。

炎のみ虚空に満てる阿鼻地獄ゆくへもなしといふもはかなし（六一六）

「罪業を思ふ歌」という題がついている一首です。地獄にも八つの階層があって、その一番下の層が阿鼻地獄です。地獄絵の世界ですね。阿鼻って、無間《むげん》と訳していますから無間地獄、息つく暇もない責苦を負うのです。色々な事件を実朝は見知って来ましたからね。兄の頼家の末路。その子で将軍を継いだかもしれない一幡。比企の乱で殺されました。実朝の幼名は千幡ですが、三幡という姉がいました。これは祖父の北条時政によって許婚《いいなずけ》を殺されて、本人は自殺している。みんな「幡」がついているのは、鶴岡の「八幡」にあやかってのことでしょう。

それにしても、和歌の中に凄惨な未来図を描くというのは、実朝ならではです。少なくとも実朝は、この時征夷大将軍なのです。それでも、十二歳で将軍の地位につけられ、「実朝」の名も、その際後鳥羽院から頂いたのですが、二十八歳で殺されるまで、十七年間もその治政はつづいていたわけです。実朝は北条義時からは、弓馬の道を忘れないように、と諫言されてもいます。

## 実朝の歌の近代性

時により過ぐれば民の嘆きなり八大龍王雨やめたまへ（六一九）

最古といわれる木造の源実朝坐像　甲斐善光寺蔵
（写真提供／甲斐善光寺）

この歌などはいかにも将軍らしいですね。詞書に「建暦元年七月、洪水天に漫《はびこ》り、土民愁嘆せむことを思ひて、ひとり本尊に向かひたてまつり、いささか祈念を致して曰《いは》く」とあります。日照りつづきの旱天も困りますが、反対に雨つづきもまた、農民にとっては避けようのない天変、災害です。当時、雨を司る神として「龍神」、「八大龍王」の威力ある存在が信じられていたのでしょうが、その威力ある存在に対して「雨やめたまへ」と、敬語ではあるものの、強く命令しているような語気がある。将軍の威厳がありますね。と思うと、次のような歌がある。「心のこころをよめる」という詞書で、

神といひ仏といふも世の中の人の心のほかのものかは（六一八）

神を信じ、仏を信じるというけれど、それは現世に生きる人の、心の中のものであって、それより他に実在するものだろうか、否、心の中だけのものだ——。

私はこの歌は、なんだかんだ言ったって、神も仏も、人間の心が作ったものじゃないか、という、青年期の醒《さ》めた眼で歌ったものだと思っています。「心のこころ」とは、「心のほんとうの意味」という風にとっていいんじゃないか。学者によっては、そう思う人の心が尊いのだ、と解説していますけれど、むしろ率直に、青年がある時感じる、神も仏もあるものか、人の心の幻想だ、という虚無感の方が、確かではないかと思っています。歌の語調の強さがそれを伝えているのです。近代性がありますね。

結《ゆ》ひ初《そ》めてなれし髻《たぶさ》の濃《こ》むらさき思はずいまも浅かりきとは（六三二）

詞書に「忍びて言ひわたる人ありき。遥かなる方へ行かむ、と言ひ侍りしかば」とある一首です。「たぶさ」は「もとどり」のことですから、これは髪を上にあげて、濃紫の組紐で結っているわけで、私は少年だろうと思います。

幼いころは放ち髪（おかっぱ）でも、少し大きくなれば頭の上で結髪する。織田信長に森蘭丸がいたように、美少年を侍らせるということは珍しいことではありませんでした。その子が遠くへ行ってしまう、というのでしょう。二人の縁が浅かったとは、今も思ってはいないよ、と実朝は言うのです。「恋」の部に入っていればともかく、「雑」の部に入っているので、これは題詠ではなく、素直な述懐、と見るべきでしょう。考えてみれば、尊敬して止まない後鳥羽院の従妹にあたる方を、正妻として迎えながら、実朝には子がありません。側室もいません。従って、一時代を継ぐ源氏の頭領は自分で終りだ、と覚悟した。その上で、源家の地位を歴史に遺すべく、次々と昇進を望み、死を覚悟して「右大臣」の地位を克《か》ちとったのでしょう。美少年相手の歌とすれば、この一首にこめられた実朝の心情と、その優《ゆう》にやさしい気分が汲みとれるはずだと思うのです。

大海《おほうみ》の磯もとどろに寄する波破《わ》れて砕けてさけて散るかも（六四一）

「荒磯に波の寄るを見てよめる」の題の一首です。私自身のもっとも好きな歌の一つですが、この歌、いろいろな方の解釈を見ますと、磯に砕けて散る波に、自らの虚無感を重ねているのだ、との解が多いのですが、果してそうでしょうか。

荒磯にぶつかって、光り、砕け、わっと散って行く波。それはもう、鎌倉の、あるいは相模湾の、明るい真昼の情景そのものではないでしょうか。三浦半島には頼朝の別殿もあったそうですし、折に足を運んでいることを考えれば、荒崎とか長者ヶ崎とか、岩礁にぶつかる豪快な波と向い合ったこともあるはずです。

この歌は、少なくとも数え二十二歳より前の作です。たかだか二十歳の青年が大海の荒磯に立ったとき、体ごとぶつかってくるような波に対き合い、「破《わ》れて砕けて裂けて散る」と感じた実朝の感性は、現代のサーファーの青年たちの皮膚感覚に最も近いのではないか、と思うのです。虚無を感じる歌、無常を感じる歌に交じっているとはいえ、このモダンな、直截的な表現は、誰のものでもない、青年実朝の実感なのではないか、と信じます。

## 鎌倉が生んだ歌人たちの層の厚さ

実朝の歌は『金槐和歌集』以外幾らも遺されてはいません。建暦三年（一二一三）十二月、実朝自撰の、青春の気にみちたこの一冊をのこした後は、おそらく実朝自身は、気分を切り替え、将軍として、また武家の頭領として、源氏の名をこの世にとどめるべく、精進しはじめたのではないでしょうか。

政権を握っても、時に「東夷《あずまえびす》」と蔑視されがちな鎌倉幕府や関東勢は、一方では京文化の伝統を大切にし、和歌を護り、継いで行く姿勢を崩しませんでした。

例えば宇都宮頼綱（蓮生）の周囲には「宇都宮歌壇」とよばれる文化サークルが形成されていました。蓮生が政治から追われて京都に住んでいたころ、その小倉山荘の障子（襖）には、その要請によって、藤原定家の選定した百人の歌一首ずつが、小色紙に書かれ、貼られていました。今もお正月に皆がたのしむ「小倉百人一首」の誕生です。定家の長男為家の妻は、この宇都宮頼綱の娘でした。嫁さんの父親からの依頼は断れませんよね。豪族でしたし。

それに、あの強力な執権体勢を作り上げた北条義時―実朝暗殺の仕掛人といわれていますが、この人でさえ、名越の山荘の雪見に実朝を招き、北条泰時、東《とうの》重胤らが参加して和歌の会を催しています。

その他にも、建暦三年（一二一三）初春には、二所権現から帰着して間もなく「幕府和歌会」が催されています。この時の兼題は「梅花万春を契る」だったそうで、漢詩と和歌を両方作る王朝時代の作文会《さくもんかい》の面影が残っています。

その年の十二月には、二階堂行光の邸で雪見の和歌と管絃の遊宴が催されるなど、京さながらの和歌の場が設けられた記録がしばしば見られます。

当時とくに歌に親しんだ人の名として、北条時房、北条泰時、三浦義村、結城朝光、内藤知親などの名が知られています。宇都宮にしても三浦も結城も、関東の豪族ですね。今もみな地名として残っていますから。

中でも「御成敗式目」の作成で歴史上でも名高い北条泰時、この人は文武両道に秀れていたと思われ、「平泰時」の名で、勅撰集にもその名をとどめています。出色に巧いです。泰時の母は官女であったかと思われますし、定家に師事して、明恵上人《みょうえ》や蓮生とも親交がありました。単なる武人ではないのですね。

もう少し時代が下りますと、六代将軍の宗尊親王がいます。真観（葉室光俊）を師として京から迎え、『東撰和歌六帖』が編まれるなど、また「冷泉為相《ためすけ》」が『夫木和歌抄』の成立に関わるなど、関東の歌壇を牽引した時期。泰時の弟に当る北条政村も歌が巧いですね。常盤の自邸で大歌会を催して、宗尊親王も参加しています。

このように、ざっと瞥見《べっけん》しただけでも、意外に鎌倉の歌人たちの層は厚いのですね。京都から見れば「東夷《あずまえびす》」であろうとなかろうと、鎌倉の武家たちは、政治力と共に文化力もあだやおろそかには思っていなかったのです。京都からの上目線ではなく、しっかりとした和歌の歴史を受け継いだこと、それを武家の教養と心得て伝えたことを、改めて認識しておきたいと思います。

それにしても、実朝の作品は、やはりとび抜けてすばらしい個性を持っています。

**著者略歴**

尾崎左永子（おざき　さえこ）

歌人。平成二十八年宮中「歌会はじめの儀」召人。季刊誌「星座―歌とことば」（かまくら春秋社）主筆。主な歌集に『夕霧峠』（砂子屋書房）沼空賞。主な著書に『敬語スタディ』（かまくら春秋社）、『短歌カンタービレ』（かまくら春秋社）、『源氏の恋文』（求龍堂）エッセイストクラブ賞、『薔薇断章』（短歌研究社）日本現代詩歌文学館賞、ほか。

# 鎌倉の作家とロマンス

太田治子

## 三・一一という悲しみの中で

私は「鎌倉の作家とロマンス」と題して、大岡昇平《おおおかしょうへい》先生のことを、お話させていただきたいと思います。

大岡先生がお亡くなりになって、およそ二十五年になります。私は非常に幸いなことに、先生と同じ世田谷区の成城というところに住んでおりました。大岡先生の最晩年のことです。先生は成城のとても素敵なおうちで、私は成城の駅に近い小さなアパートに母と二人で住んでいました。ちょうど先生が亡くなられる前の十年間、ときどき一緒にお話させていただいたり、成城の桜並木を一緒に散歩させていただいたりしました。私は、歩くことが大好きなんです。歩くと気分がいいので、今日も歩きながら、「ああ、大岡先生ともっとゆっくりと歩きたかったなあ」と懐かしく思い出していました。

大岡先生は、「自分のことをわかるためには、まずは中原中也《なかはらちゅうや》を知らなくてはならない」とおっしゃっていました。ですから、その中原中也さんの詩についてもお話させていただきたいと思います。

二〇一一年の秋、朝日新聞の夕刊に「三・一一と中原中也の詩」というタイトルで、白石明彦《しらいしあきひこ》さんが、とても考えさせられる記事を書いていらっしゃいました。それは、「三・一一」の大震災という、この大変厳しく哀しい現実を目の当りにした詩人があのおそろしい光景を前にして自然にわいてくるのが中原中也の詩であるという内容の記事でした。

悲しみということには、いろいろあると思うんですね。個人的な悲しみ、人間として感じる悲しみなど、様々な悲しみがあります。そして、個人の悲しみを、社会全体の、他の人の悲しみとして捉えるということは、非常に難しく思われます。難しいけれども、今、私たちは、個人の悲しみの裾野を広げて、社会全体の悲しみとして考えるということをしなければならないと思うのです。

## 大岡昇平の戦争体験

大岡先生は、三十五歳で戦争に行かれ、レイテで死ぬ思いをして、捕虜にもなられました。先生は、軍部の権力に決してすり寄ることなく、スタンダールをずっと研究していました。スタンダールも大岡先生も、「一人の人間がある前に国家あり」というような当時の軍部の考えとは正反対の考えを持った人だったと思います。彼の著作は、単なる恋愛小説ではなく、そのときのフランスがどういう状況であったかということがわかるものになっています。私は、その時代を感じさせる小説こそが、素晴らしい小説であると思っています。つまり、どのような状況下で、その人が生きていたのか、個人がどのように生きていたのかということがわかるような小説です。大岡先生が戦後に書いたロマンスも、復員兵がどういう気持ちであったかということがとてもよく伝わってきます。常に「時代」というものを考えていたのが大岡昇平だったと思います。ですから、『レイテ戦記』でも、彼自身の戦争反対という意志のようなものが、切々と伝わってきます。

大岡先生は、生活のために神戸の一会社員になられた後、赤紙が来て、大ざっぱに言えば、戦争にしょっ引かれました。私は偉いなと思います。というのは、その気になれば、軍にコネを使って内地勤務にしてもらうこともできたのです。そうやって内地で勤務にしてもらっていた方は何人もいらっしゃいます。でも敢えて彼は戦地に行きました。

大岡先生は、この戦争は時の権力者である軍部と時の企業家たち、財閥がはじめたものだと思っていました。そして、そういう戦争に反対する気持ちを持っていたにもかかわらず、そのとき積極的に、戦争反対ということを叫びませんでした。叫ばなかった人間は、赤紙が来たらしょっ引かれて死ぬのが当然と思われて、レイテに行く輸送船に乗ったのです。

私が一つ申し上げたいのは、戦争になびく発言をしていた作家の多くが、戦争に行くことなく内地にいて、そしてアッツ島全滅のときも「これは壮大な絵巻物である」などと書いていたという現実を見るに、これは日本にはレジスタンスがなかったということの証明にもなると思うということです。仏文学者の渡辺一夫《わたなべかずお》さんも、そうはっきりと敗戦日記に書いていらっしゃいます。

大岡先生は、文壇で徒党を組むということをせず、最晩年まで過ごされた方です。私は、作家は本来そうあるべきではないかと思っています。なぜなら作家というのは本来、一匹狼だと思うからです。大岡先生はそれを貫いた希有な方だと思います。

大岡先生の奥様は、生きて戦地から帰ってきて欲しいと当然思われるわけですから、やっとの思いで千人針を仕上げ、他の兵士の身内の方と同じように手渡されました。しかし、それを彼は輸送船の上からポンと捨てたのです、海上に。これはとても勇気のいることです。もしそれを、軍の上官が見ていたら、たいへんな懲罰を与えられることになっていたと思います。でも、先生は千人針を身につけて戦地に赴くのは、おいやでした。千人針の代わりに、彼が持っていたのは、中原中也の詩集でした。そして、レイテの悲惨きわまる戦地で、しきりに頭に浮かんできたのは、中也の詩だったのです。

スタンダールの小説『赤と黒』の主人公も、コネを使って助かる道はあったわけです。しかし助からないのです。戦争反対、戦争はいけない、軍部はおかしい、とはっきり思っていながら、そう行動しなかった自分だから、もう命令に従うより仕方がない——、それは、ある種の潔さですね。つまり、大岡先生を一言で言うと、「潔い人」でした。

大岡昇平 県立神奈川近代文学館蔵

## 個人の悲しみ、全体としての悲しみ

個人の死というものは、その個人のまわりでしか本当にはわかりません。たとえば、私は母が死んだとき悲しかったけれども、どんなに私と仲良しの人がいても、私と同じ悲しみをもって日々を送れるかといったら、それはできないことでしょう。
私は生まれてからずっと母一人子一人で生きてきました。私は、母が死んだとき、それまでの自分の「半分」は死んだという気持ちになりました。でも、もう一方の「半分」で生きたいって非常に強く思ったのです。人間の死、特に一番身近な人の死というものは、自分も一緒に死んでしまいたいと思うことであって、これはもうエゴを超越した深い悲しみですね。
中也は、弟、父、幼い息子と、次々と身近な死に出会います。幼い息子の死の悲しみを前にして、中也は「半分」どころか自分の全てが「無」と化すような深い衝撃を受けます。そういう死に出会う前の詩に、この「少年時」という詩があります。

**少年時**

黝《あをぐろ》い石に夏の日が照りつけ、
庭の地面が、朱色に睡つてゐた。

地平の果に蒸氣が立つて、
世の亡ぶ、兆《きざし》のやうだつた。

麦田には風が低く打ち、
おぼろで、灰色だつた。

翔《と》びゆく雲の落とす影のやうに、
他の面《も》を過ぎる、昔の巨人の姿――

私は野原を走つて行つた……
誰彼の午睡《ひるね》するとき、
夏の日の午《ヒル》過ぎ時刻

私は希望を唇に噛みつぶして
私はギロギロする目で諦めてゐた……
噫《ああ》、生きてゐた、私は生きてゐた！

「蒸氣が立つて、世の亡ぶ、兆のやうだつた」。そして、「麥田には風が低く打ち、おぼろで、灰色だつた」。今はちょうど刈り取りの季節で、麦はとっくに刈り取られていると思うんですが、原発の後は、稲穂が垂れても、それを皆さんには食べてもらえない農家の方の悲しい気持ちが思い出されます。でも、「ギロギロする目で諦めてゐた」っていうのは、何かすごく伝わってくるところがあります。

東日本大震災直後の宮城県気仙沼市の地盤沈下したままの惨状を目の当りにされた詩人の

佐々木幹郎さんは、我がこととしてこの震災を受け止め、また今でも悲惨さの真只中に、慟哭の中にいらっしゃいます。しかし、その佐々木さんでも「自分の詩は及ばない」として、中也の「盲目の秋」を取り上げていらっしゃいました。長い詩なので、途中まで読ませていただきますね。

## 盲目の秋

I

風が立ち、浪が騒ぎ、
　無限の前に腕を振る。
その間《かん》、小さな紅《くれなゐ》の花が見えはするが、
　それもやがては潰れてしまふ。

風が立ち、浪が騒ぎ、
　無限のまへに腕を振る。

もう永遠に帰らないことを思つて
　酷白《こくはく》な嘆息するのも幾たびであらう……

私の青春はもはや堅い血管となり、
　その中を曼珠沙華《ひがんばな》と夕陽とがゆきすぎる。
それはしづかで、きらびやかで、なみなみと湛《たた》へ、
　去りゆく女が最後にくれる笑《ゑま》ひのやうに、
厳《おご》そかで、ゆたかで、それでゐて侘《わび》しく
　異様で、温かで、きらめいて胸に残る……

　　　あゝ、胸に残る……

風が立ち、浪が騒ぎ、
　無限のまへに腕を振る。

Ⅱ

これがどうならうと、あれがどうならうと、
そんなことはどうでもいいのだ。

これがどういふことであらうと、それがどういふことであらうと、
そんなことはなほさらどうだつていいのだ。

人には自侍《じじ》があればよい！
その余はすべてなるまゝだ……

自侍だ、自侍だ、自侍だ、自侍だ、
ただそれだけが人の行ひを罪としない。

平気で、陽気で、藁束《わらたば》のやうにしむみりと、
朝霧を煮釜に填《つ》めて、跳起きられればよい！

Ⅲ

私の聖母《サンタ・マリヤ》！
　とにかく私は血を吐いた！……
おまへが情けをうけてくれないので、
　とにかく私はまゐつてしまつた……

それといふのも私が素直でなかつたからでもあるが、
　それといふのも私に意気地がなかつたからでもあるが、
私がおまへを愛することがごく自然だつたので、
　おまへもわたしを愛してゐたのだが……

お丶！　私の聖母《サンタ・マリヤ》！
　いまさらどうしやうもないことではあるが、
せめてこれだけ知るがいい――

ごく自然に、だが自然に愛せるといふことは、
　そんなにたびたびあることでなく、
そしてこのことを知ることが、さう誰にでも許されてはゐないのだ。

Ⅲ

せめて死の時には、
あの女が私の上に胸を披《ひら》いてくれるでせうか。
　その時は白粧《おしろい》をつけてゐてはいや、
　その時は白粧をつけてゐてはいや。

ただ静かにその胸を披いて、
私の眼に輻射してゐて下さい。
　何にも考へてくれてはいや、
　たとへ私のために考へてくれるのでもいや。

ただはらかにはららかに涙を含み、
あたたかく息づいてゐて下さい。
――もしも涙がながれてきたら、

いきなり私の上にうつ俯して、
それで私を殺してしまつてもいい。
すれば私は心地よく、うねうねの暝土《よみぢ》の径を昇りゆく。

これを読んでいただいて、詩の前半では、大震災という、いわば無限の絶望の中でも、腕を振り続けたいということがわかると思います。つまり、腕を振るうということに微かな希望があるわけです。今回の原発事故に関しても、私たちは、腕を振り続けなくてはいけないと思います。それは、皆さまもよくご存じのように、放射性廃棄物の捨て場所をどうするかという問題もあります。例えば、モンゴルの砂漠の土深く埋めればいいと考えた方もいるようですが、それではモンゴルの方に申し訳ない。どうしたらいいんでしょう。そういう捨て場所がわからない、そんなものをいっぱい今まで作り続けていたということに、私自身も気づかない一人であったことを、深く恥じております。

詩の後半においては、サンタ・マリアという女性との別離が書かれています。中也とこの女性との別離が原発事故の後の悲しみにもつながるものを感じるわけです。この一人の女性との別離、これは非常に個人的なものですよね。でも、その個人の悲しみ、別離が、こうやって八十年も経った今、福島の悲しみにもつながっていくのです。ここが私は中也のすごいところだと思わずにはいられません。

私は、自己愛の文学は非常に苦手です。たまらなく苦手なんです。人間は、自己愛の動物で、誰よりも自分が可愛い。そうした場合に、その自己愛を他者への愛にどうやって振り向けていくかということに、大きな悩みが出てくると思います。中也は、キリスト教にも影響を受けていますが、最後は非常に仏教に近い詩が多くなってきています。まだ二十歳になるかならないかの時において、すでにこの詩を書いている中也は、非常に大いなる愛、つまり自己愛を超越したところで、また自己の悲しみをそれだけ深く思っていたわけです。中也は、長谷川泰子さんという四歳年上の女性をたまらなく好きでありました。泰子さんとの出会いは中也が十七歳のとき、京都でした。

## 「神さま」中原中也

大岡先生は十九歳にもうすぐなろうとするとき、はじめて中原中也に出会いました。中也は二十歳の終りでした。小林秀雄さんに中也が出会ったのは、その二年前の大正十四年の春、それから半年後に中也のマリアだった長谷川泰子さんは小林秀雄さんの許へ走ります。大岡先生は、「中原中也には聖なるものを感じた」というようにおっしゃっていました。そういう聖性といったものを、十代の終わりの大岡先生は中也に対して感じていらしたようです。しかし大岡先生は、その神さまのような人物は、非常に人の悪口も言う邪悪さを持っていたといわれました。共通の友人のことも悪く言う。しかし、人間っていうのは、悪く言うからその人が嫌いかというと、そういうことではないのですよね。

自分の大切な恋人の長谷川泰子さんが他の男性との間に男の赤ちゃんを生んだときに、中也は、その男の子の名付け親になっています。私は、超人的な大いなる愛を感じます。凡人の私には考えられません。サン＝テグジュペリの『星の王子さま』に、「めんどうみたあいてには、いつまでも責任があるんだ」という王子さまの言葉が出てきます。中也は、星の王子様のように、「責任」をずっと持ち続けたご立派な方だったのだと思います。

作家というのは、自分の文章には責任を持つべきなんです。しかし、人間、変わることもありますし、過ちを犯すこともあります。人間は過ちを犯さずにはいられない。そしたら、ごめんなさい、と一言文章で触れるべきではないでしょうか。私はそれが本当の作家だと思っています。

しかし、日本人の作家の多くは、そういうことに忘れた振りをしました。ドイツでは、『ブリキの太鼓』で著名なノーベル賞作家が、少年時代にナチスのシンパだったということがわかっただけで、ノーベル賞を返上せよという動きが出ました。ここには日本と大きな違いがあります。

「戦地に行った従軍作家」という、それだけで非難されることがあります。しかし、日本にいて、ぬくぬくと——といっても空襲の心配はあったでしょうが——、兵隊になることもなかった作家たちの方が問題の発言をしているのです。先ほどお話ししたように、「もっとやれ。海軍は弱腰になっているのはけしからん」というように。そういった作家たちが、戦後、そのことには口をつぐんでいる。そういう事実があるのに、文壇の中で、「みなさん、まぁまぁ」と変な手のつなぎ方をしたり、かばいあったりしてこられたのがわからないんです。

中原中也　日本近代文学館蔵

そういうことを、私がある人に言ったら、「いや大岡昇平だって、小林秀雄をかばっているじゃないか」と反論されたことがあります。でも大岡先生は、一言も、小林さんはすべてに正しかったとは言っていません。

大岡先生は、いつも、中原中也のことが心の中にあったと思うんですね。大岡先生にとって、小林秀雄はお兄さん。尊敬するところは尊敬している。しかし、中原中也に関してはお兄さんというのを超越して、神さまとして見る時があったと思います。しかし、中也はとんでもない神さまでもあった。やんちゃであり、手のつけられないところもあり……。それでも大岡先生はどうしても、彼を神さまのように感じることがあったのだと思います。

## 鎌倉の魅力―光と影―

中原中也は、戦争前の昭和十二年に亡くなっています。今も訪れる方が多い鎌倉の寿福寺の中にお住まいで、そこで亡くなられました。大岡先生はその二、三年前から鎌倉に住んでいらっしゃった。小林秀雄と大岡先生が鎌倉に住んでいなければ、中原中也は鎌倉に来ることはなかったと思います。

大岡先生は、はっきりした性格ですから、いかに尊敬する先輩の小林秀雄が鎌倉に住んでいても、やはりこの地が好きでなければ住まなかったと思うんです。彼は、牛込で生まれて渋谷で育った。東京のお坊ちゃまですよね。東京のお坊ちゃまが、なぜわざわざ当時の鎌倉にお住まいになられたのかというと、それほど鎌倉は、大岡先生にとって魅力的な場所だったからなのに違いありません。

鎌倉には、海だけではなく山もあります。いくら低いといっても山は山で、鎌倉の山っていうのは、どこか迫ってくるものがあるんです。鎌倉は、ちょっと歩くとすぐに山道になったり、葛折りがあったりします。また鎌倉は、どちらかというと、海は明るいんですけど、山の方は少しじめっと薄暗いところがあるように思います。

鎌倉の山の、鬱蒼とした木立の下をゆっくりと、土の道を、歩いていく――。私は、ここには、陰《いん》の魅力があるのじゃないかと思います。たとえば、金沢には浅野川と犀川が流れていますが、犀川は広い明るい大きな流れですけど、浅野川という川は陰の川だといわれています。ひっそりとして静かで、イメージとしては湿っぽいですよね。しかし、そこが魅力なのではないでしょうか。

それと同じように、鎌倉の谷戸などを歩いていると、自然にじとっとしてくる。川端康成《かわはたやすなり》さんの小説に出てくる女性のような感じです。正直に言うと私は、それがどうも苦手なのです。私は明るく爽やかなものに惹かれるものですから、男性だったら大岡昇平。じとっというのは、苦手。川端先生の小説は尊敬していますが、登場人物の女性は平然と不倫することもあるし、例えば、その女性のからだに大きなほくろがあるなんて書いてあると、何だか私も見たような気持ちになるでしょ。そういうのが、あまり気分がよろしくないのです。でも、若いころの大岡先生は、そういう鎌倉のじとっとした部分にも、魅力を感じていたのではないかという気がします。

やはり鎌倉は「裏」を大切にしなければいけない町だと思います。「裏」あっての鎌倉。小町通りの人混みでは、たとえば不倫の恋もできそうにありません。あんなところを歩いていたら丸見えで、周りにバレバレですから。それよりは、裏通りです。裏通りに鎌倉の良さが残っていると思います。

それは「かそけき」というか、たまゆらのさやかな音です。「こんなところにわき水が流れていたわ。」と耳を澄ます。つまり陰だけではなく、清らかな鎌倉がそこにはあります。そういうものは、概して壊れやすい。だから、壊れないように大切に守るのが、私たちの責任だと思うのです。それは、生き物を大切にするということにもつながります。アカエカニだったと思うんですが、昔は住宅地にまではいっていた小さいカニが、最近はどんどん少なくなってしまいました。

大岡先生の小説におけるロマンスの主役は、そういうたまゆらの世界の人が多い。一方で、大岡先生は、戦前の『ルル』という映画のヒロインの悪女に惹かれて、「いいね、いいね」と言っておられました。悪い悪い女なんですけど、大岡先生は、彼女の大ファンでした。大岡先生はフェミニストでもあって、男女平等なんて当たり前で、レズビアンに対しても、非常に寛大なお気持ちを持たれていました。それは女性に優しい方でした。では先生は、強い女性が好きなのか、というと、そうではなくて、作品では、か弱い女性が主人公のことが多かった。

川端康成が、女性をあそこまでもやもやと書けるというのは、ある意味、非常に素晴らしいと思います。一方で、大岡先生の描く女性には、弱そうに見えて凛としたという部分が感じられます。私は、そこが好きなんです。たとえば、「花影《かえい》」は、「女性はこういう生き方をしちゃだめだよ」という意味を込めて大岡先生が書いたんだという評論家の先生がいらっしゃいますが、確かにそうかもしれません。この作品の中の女性は、男性のいいなりになって、次々男性をかえていって、最後は自殺する。私は自殺はやってはいけないことだと思うし、大岡先生もそう思われていたに違いないですが、潔くヒロインは死んでいくように感じられます。弱く見える女性も、実は揺るぎない強さも持っているんだと思われてくるのです。

## 愛と死について

長谷川泰子さんという方は、中也にとっては、大変に魅力的な年上の女性でした。しかし、中也の泰子さんへの本物の愛は、その別れの後にわいてきたものだったのです。それまでは泰子さんのことを、「男に何の夢想も仕事もさせないたちの女」とさめた目でみていました。それが小林秀雄の許へ彼女が逃げていくと、絶望の中から恋愛詩が生まれるようになります。

「私はおまえを愛しているよ、精一杯だよ。
いろんなことが考えられもするが、考へられても
それはどうにもならないことだしするから、
私は身を棄てて、お前に尽くさうと思ふよ」（「無題」）

中也の詩のこの一節を読むと、いつも胸がいっぱいになります。中也は逃げた彼女を恨まないばかりか、「身を棄てる」思いになっていたのです。それが彼女には届かなかった。中也の詩の悲しみが、わかる女性ではありませんでした。大岡先生が女性であれば、中也はどんなにか幸せだったことでしょう。中也は詩にあるように「胸をひらいて、そしてその柔らかな胸の中で、ずっと自分もじっとしていたい」と願っていたのだと思います。私の好きな『時こそ今は』でも、「泰子さん、このままじっと静かにしていましょう」ということを書いています。そ

ういう気持ちを、彼はずっと持っていたんです。「泰子はいい人だった」と、他の詩にも書いています。すごくいい人だったと。それをフォローできなかった自分が悪いということを、とても自己反省的に書いているんですね。泰子さんが、その後、他の男性と男の赤ちゃんを産んだとき、中也は、彼女がそれを喜ぶならと思い、男の子の名付け親になったばかりでなく、赤ちゃんの世話もしているのです。

彼は、山口のお父さん、お母さんの言う通りに、遠縁にあたるお嬢さんと、とても良き結婚をしています。結婚式の写真を見ると、本当にかわいい素敵なお嫁さんです。しかし、中也は、そんな素敵なお嫁さんを眼のふちに黒じみができるほど殴ったりしたことがあるらしいのです。これは私にとってすごくショックでした。思郎さんとおっしゃる中也の弟さんの回想記が審美社という出版社から出ていて、それを読ませて頂いて、わかったことです。それにしても、そういうことを新婚の妻にしていたというのは、やはり悲しいことですね。

詩人として、生計を立てるということは、当時もすごく難しいことでした。所帯をもった中也に、学校の先生の職を紹介下さる方もいました。そういう、夢から現実に流れていく自分のふがいなさを、妻への暴力として出したのかもしれません。中也も、奥様のことを充分愛していたと思うんです。そういうことをしてしまった中也は、悲しいですね。

昭和十二年は、大岡先生にとって忘れられない年でした。十月二十二日に、大好きな、中原中也が亡くなりました。そして、そのふた月前に、大岡先生は、お父さまを亡くされています。これは、大岡先生もエッセイなどによく書いてらっしゃることなんですけれども、先生は、お父さまに対する格別な思いがあったようです。大岡先生のお父さまは株式仲買人、株屋さんでした。お父さまが株でもうけられたおかげで、先生はお坊ちゃまとして生活できたわけです。

中也の場合は、お父さまが、これも大変繁盛している山口のお医者様でした。小学校までは、彼は神童と言われるくらい成績が優秀でした。飛び抜けて一番だった。しかし、お父さま、お母さまは「この子は一番だと言うと、つけ上がるだろう」と思い、敢えて先生にお願いして万年二番にしてもらっていたといいます。でも、中也は「どうして一番にしてくれなかったのか」と後々不満でした。自分の屈折した性格もこれが原因だと考えたようです。

小学校までは勉強のよくできた中也ですが、中学に入って落第してしまいます。それまで輝ける星だった中也は、一挙に「落ちた偶像」になるんですね。それでも、親ってありがたいですね。京都で同棲しようが何をしようが、全部生計はご両親様がみてくれました。中也は、ご両親あってこそいろいろと羽目を外すこともできました。

中也のお父さまは、彼が二〇歳のときに亡くなりました。お葬式のとき中也は、山口に戻らなかったそうです。中也によると、「服やなんかは質屋に入れてお金がなかったから帰れなかった」らしいですが、私はそういったことはないと思います。中也は、非常に、打ち震えるような感性の方ですから、実は、自分の父親の死に直面することが、たまらなく恐くて、悲しくって、帰れなかったのだと思います。中也はいつもふるさとを思っていました。「帰郷」という詩の最後の二行が浮かんできます。

あゝおまえはなにをして来たのだと……吹き来る風が私に云ふ。

大岡先生は、株屋さんだったお父さまに対して、そこまで深い親しみはなかったかもしれませんが、死なれたことはどんなにか悲しかったと思います。しかし、それ以上に、中也という肉身以上に思っていた人が亡くなられたことは、大岡先生にとって、どれほどのものだったでしょうか。中也は先生の心にずっと残っていました。こういうことを大岡先生は書いていらしゃいます。「我々はもっぱら未来をいかに生き、いかに書くかを論じていた。そして最後に私が彼に背いたのは、彼が私に自分と同じように不幸になれと命じたからであった」勿論、大岡先生は強い方ですから、中也に殉じて死ぬというようなことにはなりませんでした。そのままずっと生き続けました。

中也は、自分が亡くなる一年前に、最愛の息子さんを亡くされています。写真で見ても本当に理想の男の子ですよ。中也（さん）に似ているけど、もっと凛々しくって。中也がその子のことを書いた詩を読むと、私は思わず涙ぐんでしまいます。中也はどんなに悲しかったことでしょうか。

「また来ん春」という詩があります。私はこのような、まっすぐに伝わってくる詩っていうものも、中也の魅力だと思います。ちょっとそれだけ読ませていただきます。

**また来ん春**

また来ん春と人は云《い》う
しかし私は辛いのだ

春が来たって何になろ
あの子が返って来るぢゃない

おもへば今年の五月には
おまへを抱いて動物園
象を見せても猫《にゃあ》といい
鳥を見せても猫《にゃあ》だった

最後に見せた鹿だけは
角によっぽど惹かれてか
何とも云わず　眺めてた

ほんにおまへもあの時は
此《こ》の世の光のただ中に
立って眺めてゐたつけが……

津波の後に、小さいお子さんを亡くされた若いお父さんが、テレビのインタビューに答えていらっしゃったときのことを思い出します。自分の親に死なれたことは、たまらなく悲しいけれど、自分の子どもに先立たれるこの悲しみっていうのは、これはどうしようもなく深いものだと思うのです。
「春日狂想」という詩もとても考えさせられますので、紹介いたします。

### 春日狂想

1

愛するものが死んだ時には、
自殺しなけあなりません。

愛するものが死んだ時には、
それより他に、方法がない。

けれどもそれでも、業《ごふ》が深くて、
なおもながらうことともなったら、

奉仕の気持に、なることなんです。
奉仕の気持に、なることなんです。

愛するものは、死んだのですから、
たしかにそれは、死んだのですから、
もはやどうにも、ならぬのですから、
そのもののために、そのもののために、
奉仕の気持に、ならなけあならない。
奉仕の気持に、ならなけあならない。

私たちは、今後「奉仕の気持ち」を、具体的にどういうことで表すことができるのだろうかということを、中也から問いかけられているように感じます。

## 大岡先生が教えてくれたこと

山口県（長州藩）は、権力者たちを輩出した県である一方で、中原中也、そしてその四年前には今、ブームになっている金子《かねこ》みすゞという、とても清らかな詩人を生み出してもいます。心の一番大切なところで、いつもきれいに輝いていた人たちです。

中也は、「汚れつちまつた悲しみ」と詩には書いているけれど、ぜんぜん汚れてなんかいません。きれいで、子どものようです。確かに、子どもは、醜さをいっぱいもっています。でも子どもは正直です。素直で、純粋です。それを全部持って、そして最も深い悲しみ、いつもそれを秘めつつ明るく笑っていました。

ここでは紹介できませんでしたが、「空は晴れてても、建物には蔭があるよ」そういう一節がある中也の詩があります。私たちは、人を見るとき、「あ、明るい顔してる、じゃぁ明るいんだ」などと思ってはいけない。空は晴れていても建物には陰があるのです。これは中也の悲しみです。大岡先生は、いつも私の前では明るく優しかった。でも、その先生はいつも悲しみを抱えていたんだな、と思うのです。大岡先生はそれは心の深い方で、私のもっとも尊敬する先生です。大岡先生、中也を教えてくださってありがとう、そう心の中でつぶやきながら鎌倉を一人、歩きたいと思います。

**著者略歴**
太田治子（おおた　はるこ）
作家。昭和四十二年、紀行文「津軽」で婦人公論読者賞を受賞。主な著書に『心映えの記』（中央公論新社）坪田譲治文学賞、『石の花』（筑摩書房）、『明るい方へ』（朝日新聞出版）、『夢さめみれば 近代日本洋画の父・浅井忠』（朝日新聞出版）、『星はらはらと二葉亭四迷の明治』（中日新聞社）。

参考文献
『中原中也』大岡昇平（角川文庫）
『生と歌　中原中也その後』大岡昇平（角川書店）
『中原中也ノート』中原思郎（審美社）
『星の王子さま』アントワーヌ・ド・サン＝テグジュペリ著　内藤濯訳（岩波書店）

# 鎌倉にみる近代絵画

河野元昭

## 鎌倉の魅力　―風景・風光・歴史―

鎌倉は日本の三大古都として、多くの優れた伝統が残っています。鎌倉と縁のある傑出した画家達もたくさんいます。鏑木清方《かぶらききよかた》、前田青邨《まえだせいそん》、それから小泉淳作《こいずみじゅんさく》の三人の話をしようと思います。この方々の鎌倉との所縁《ゆかり》が、三者三様でとても面白いのです。清方は、ちゃきちゃきの江戸っ子ですが、晩年は鎌倉に移り住んで優れた芸術作品を制作しました。青邨は地方に生まれて、その後鎌倉に住みました。そして淳作は、鎌倉に生まれて一時他に住んでみましたが、やはり鎌倉に戻り、鎌倉で創造活動を続けました。

私は、鎌倉の魅力というものを次のように考えます。まず美しい風景、次に豊かな光と風、そして歴史です。これらが三位一体となっているような場所は、関東圏には少ないのではないでしょうか。長い歴史はどこにでもありますが、幕府が開かれたのはごく限定された場所だけです。江戸幕府の何百年も前に、この鎌倉に幕府が開かれ、そして中世文化・美術の一大センターになりました。さらに時間の経過というものが積み重なって、鎌倉の文化・歴史が形作られてきました。

しかしながら、この鎌倉が輝いていたのは、ある時期だけです。同じ武士の政権であっても、室町になると足利氏は、やはり貴族文化に憧れて京都に戻ってしまい、鎌倉は第二の首都となってしまいました。つまり、そこでは明らかに武士の貴族化ということが始まって、鎌倉の原初のエネルギーは失われてしまったわけです。鎌倉時代には、鎌倉に禅宗が入ってきて、鎌倉の五山に代表されるような禅宗文化が栄えました。そして、禅宗文化と結び付いた鎌倉の水墨画も、室町時代に広く行なわれました。これは、大変高いクオリティーを持っていました。祥啓《しょうけい》という画家に代表される鎌倉スクールがありましたが（関東水墨画と言われておりますが）、これも大変な高みに達した流派でした。しかし、やはり鎌倉の鎌倉たる所以は、鎌倉時代にこそあったのです。

　鎌倉の魅力は、和歌に象徴的に表現されています。一つめの美しい風景というのは、『万葉集』の東歌の相聞のところにあります。

ま愛《かな》しみ　さ寝に吾は行く　鎌倉の　美奈の瀬川に　潮満つなむか

　ここでは万葉時代の大らかな恋愛が歌われています。人間の心情、恋愛感情というものが一番のライトモチーフになっています。さらには、大変美しい鎌倉の美奈の瀬川で愛を語ろうという、その美しい風景、美しい自然というのが、もう一つのモチーフとしてあったのではないかと思うのです。美奈の瀬川は、今は、稲瀬川という名前になっています。もちろん、この和歌の他にも、鎌倉の美しい風景を詠んだ歌はたくさんあります。

　二つめの魅力である、鎌倉の風光は、『金槐和歌集』の鎌倉将軍・源実朝《みなもとのさねとも》の歌に表されています。

紅の　ちしほのまふり　山のはに　日の入る時の　空にぞありける

厳密には、この歌が鎌倉を詠んだものなのかどうか分かりませんが、この実朝の和歌に、私は、鎌倉の光がイメージとしてあるのではないかと思うのです。そしてこの光というものは、言うまでもなく芸術家にとって、極めて重要なエレメントだったのです。

そして、三つめの歴史は、これは毎度お馴染みの歌ですが、与謝野晶子《よさのあきこ》の

鎌倉や　御仏なれど　釈迦牟尼は　美男におはす　夏木立かな

に読み取ることができます。言うまでもなく、鎌倉大仏は、鎌倉時代を象徴する仏像です。これを、ロマンティストの晶子は、「イケメン」というイメージで詠んだわけです。同時に、そこには、鎌倉時代以来の長い歴史というのが詠み込まれています。

このように、美しい自然、非常に豊かな風光、そして歴史、鎌倉には、この三つの要素が大変豊かに揃っていて、それが三位一体となっているのです。特に、鎌倉の風と光が画家たちを惹き付けてやまなかったのではないかと私は考えています。これが、鎌倉全体に対する私のイメージであり、イントロダクションです。

## 鏑木清方　―浮世絵否定論者―

鏑木清方は、晩年、鎌倉の雪ノ下に移り住みました。昭和二十九年（一九五四）、七十六歳の時です。しかし基本的には、ちゃきちゃきの江戸っ子気質が、清方芸術の根本をなしています。鎌倉に移り住んでからは、特に錦絵《にしきえ》を回顧するような絵を描きました。そこにはやはり、鎌倉の歴史というものが関係していました。

少しでも美術に関心のある人はご存知だと思いますが、清方は、大変、浮世絵と縁の深い方でした。清方を「近代の浮世絵師」と呼ぶ研究者もいます。江戸時代に、菱川師宣《ひしかわもろのぶ》が千葉から江戸に出てきて、浮世絵という新しいジャンルを開拓しました。その時は、墨摺《すみずり》絵だけでした。しかし、段々と版画、紅絵《べにえ》、紅摺《べにずり》絵なども作られていきました。そして、ちょうど江戸時代のど真ん中の明和二年（一七六五）に、鈴木春信《すずきはるのぶ》という人が、錦絵を作りました。これは、多色摺り版画です。これまでは、墨摺絵で、墨一色であったり、それに少し手彩色をした紅絵であったり、あるいは紅摺絵のように版で二、三色を加えるだけでした。

しかし、春信は、ちょうど私達が見ている原色版のような木版画を作り出しました。それ以来、浮世絵は、黄金時代を迎えます。やがて、春信の作った小さな「中判」というものが「大錦」という大きな、ちょうど今で言うとB４版のようなものに発展しました。そして、幕末、明治までこの流れが続きます。そして近代になっても、いわゆる「創作版画」というものに、その伝統はずっと受け継がれて、いわばそれは、日本の美術の根幹をなしていると言ってもよいわけです。

清方は、明治十一年（一八七八）、神田に生まれました。そして明治二十四年（一八九一）、数え歳で十四歳の時に、水野年方《みずのとしかた》に入門しました。かつて、歌川派という一世を風靡《ふうび》した大変大きな流派がありました。一番有名なのは、初代歌川豊国《うたがわとよくに》です。初代豊国の弟子に歌川国芳《うたがわくによし》がいます。そして、国芳の弟子に大蘇芳年《たいそよしとし》（月岡芳年）という人がいます。この大蘇芳年の弟子が、水野年方です。ですから、清方の師匠は、文字通りの浮世絵師であったと言ってよいわけです。つまり、清方も、浮世絵師の系列に属していたと言えます。その意味では、この清方が「近代の浮世絵師」であるということは間違いではないのです。また、実際に絵を見てみても、明らかに浮世絵の影響を受けています。これも間違いない事実です。

しかし私は、清方というのは実は、「浮世絵師否定論者」だったのではないかと思うのです。彼が浮世絵から学んだのは、例えば、美人画というテーマ、あるいは挿絵という形式、さらには風俗画というジャンルなど、一つの形式面でした。これらはあくまで浮世絵の形式に過ぎないと言えます。もちろん、形式を学ぶことが、彼に大きな影響を与えたことは否定できません。しかし、私は、清方が浮世絵の本質というものから距離を置いていたのではないかと思うのです。あるいは、それを否定さえしていたのではないかと思うのです。

それでは、この浮世絵の本質というものは一体何でしょうか。一般的に認められている浮世絵の本質あるいは美的特質というものには、例えば、庶民性、大衆性というものがあるのではないでしょうか。悪く言うと、大衆迎合《げいごう》性というものであり、つまり、売れれば何でもありということです。したがって、鈴木春信《すずきはるのぶ》が売れると、あらゆる浮世絵師が、春信様式を真似る。そこには個性というものはありませんよ。これは一種のビジネスのようなものですから、売れるためには全部が春信様式になるわけです。よって、大衆庶民は次第に飽きてしまいます。すると、今度は鳥居清長描く八頭身の美人画である新しい清長《きよなが》美人というスタイルが出て、また一斉に清長風になってしまいます。それがしばらくして飽きられる頃に、歌麿《うたまろ》美人がはやって、そうすると皆が歌麿様式になり……。つまり浮世絵は、そういった流行性というものが非常に強いジャンルであるのです。これは浮世絵というものが持って生まれた性格ともいえるものです。

しかし、そういった「売れれば何でもあり」といった考えを、清方は少しも持っていませんでした。浮世絵師というのは、江戸時代においては、一種の町絵師に過ぎなかったのです。狩野派という厳然たるアカデミズムがあって、浮世絵師はそのヒエラルキーの最下層を負っていたのです。彼らは、大衆の人気をあてにし、大衆の美的要求に応えて絵を描いていたのです。そこには、大衆の人気をあてにしなければ、自分達の生活が成り立たないという厳しい現実があったわけです。しかし清方は、そのようなことを否定していました。あるいはそういったものから距離を置き、冷ややかに見ていました。

## 郷愁の画家・鏑木清方

清方は、明治四十年、(一九〇七) 第一回文展に《曲亭馬琴《きょくていばきん》》を出品しています。三十歳の時です。しかし、これが見事落選してしまいます。彼は、このような官展や文展を常に志向していました。実は、清方は、挿絵画家として出発したのです。特に、泉鏡花《いずみきょうか》との関係が大変強く、彼の小説の挿絵を描いていました。そして、その中から彼独自のスタイルというのが生まれていったのです。しかし、清方はやがて、この官展、文展というものを目指すようになっていきました。ここに明らかに「近代」というものが見えてきます。こんなことは江戸時代の浮世絵師には、ほとんどないのです。狩野派と一緒に立身出世をしようとか、あるいは御用絵師になろうという意識は、多くの江戸時代の浮世絵師にはなかったのです。

清方は、近代的な意味での「アーティスト」として認められるということを求めていました。したがって、彼は、いわゆる幕末浮世絵、あるいは明治版画と呼ばれる、非常にエキセントリックな表現というものを取り入れていませんでした。清方の師匠である水野年方の師匠にあたる大蘇芳年は、「血みどろ絵」といって極めてエキセントリックな残虐趣味の強い、ある意味ではエロティックな絵を描きました。それは素晴らしいアートです。しかし清方は、それとは距離を置いていました。

本来、浮世絵は、極めてジャーナリスティックな要素を持つ、同時代性の強いものでした。人気のある俳優や人気のある花魁《おいらん》などをすぐ描くものです。あるいは非常にセンセーショナルなことが起こると、すぐにそれを新聞の形で発行するのです。しかし、清方はそうではありませんでした。私は、彼を「郷愁《きょうしゅう》の画家」であったと言って良いと思うのです。明治時代になり、江戸時代を懐かしんで、江戸時代の風俗で描いていくところに、やがて大正十二年（一九二三）関東大震災が起こり、関東一円が焼け野原になり、それまで東京の中に残っていた「江戸」という要素が壊滅的になくなってしまいました。

明治元年（一八六八）に、明治のご一新があって、日本がそれまでモデルにしていた中国から、今度は西洋文化にモデルを変えるという方針を持った明治政府ができました。しかしながら、人間の意思などそれほど簡単には変わりません。「散切《ざんぎ》り頭」でしたが、頭の中身というのは一朝一夕《いっちょういっせき》には変わらないものです。「江戸」はずっと生きていて、大正に入ってもまだ生きていたのです。

そして、それを完全になくしたのが、関東大震災でした。そこで江戸時代というものは完全に社会から、あるいは関東から、そして東京からなくなってしまったのです。そうすると清方は、今度は失われた明治というものを回想して、懐かしんで描くようになりました。彼は一種の「郷愁の画家」だったのです。清方は、郷愁の中に生きていたと言ってもよいと思います。ですから清方は、江戸時代の本質とでも言うべき浮世絵の同時代性とかジャーナリズムというものを冷ややかに見ていたと言っても良いでしょう。

## 清方の作品遍歴

曲亭馬琴は、葛飾北斎《かつしかほくさい》と極めて密接な関係にありました。そのような意味では、この作品《曲亭馬琴》も、浮世絵と全く無関係ではありません。しかしこの作品は、清方が明治になって見た江戸の幻影であり、それはもう同時代の風俗画、ジャーナリスティックな絵ではなかったのです。馬琴は眼が見えなくなり、字が全く書けない息子の嫁に字を教えて、『南総里見八犬伝』を書き上げました。これは、そのシーンを絵にしたものです。しかし、この作品は第一回文展に落選してしまいます。何故でしょうか。そこには浮世絵にあったような、一種ディーテリズム、瑣末《さまつ》主義があるからです。

元来、浮世絵というものは、ジャーナリズムですから、様々な要素を取り込んで描くものです。したがって、浮世絵というものは、現代の我々にとっては、アート、芸術であるのと同時に、「画証」なのです。江戸時代のことを調べる時に浮世絵がなかったら調べられない。つまり、文献だけでは分からないことも、浮世絵を見ると分かることがたくさんある。だから浮世絵は、江戸時代の「絵の証人」なのです。もちろんアートとして素晴らしいものでもあります。しかし、現代においては、アートだけではなく画証でもあるのです。

けれども、この時、清方は、まだまだ浮世絵の画証的要素に大変強く影響されていました。私はこれが、清方が落選した理由だと思います。ジャーナリズム的、ディーテリズム的な様々な要素は、近代的な絵画においては不要だったわけです。清方は落選した理由をすぐに理解し

鏑木清方作《曲亭馬琴》1907年
鎌倉市鏑木清方記念美術館蔵
（写真提供／鎌倉市鏑木清方記念美術館）

て、浮世絵的な要素である、細かい描写というものをどんどん排除していくのです。そしてもう一つ、落選の理由を挙げるとすれば、このような陰鬱《いんうつ》な絵は、近代の展覧会では向かなかったということです。もちろん浮世絵に、陰鬱な要素があったかどうか、これは検証の余地がありますが。

そして、文展落選の後すぐ、清方は、《抱一上人》を描いています。この作品では、先程言ったような一種瑣末主義というようなものを綺麗さっぱり洗い落として、近代の展覧会芸術に、会場芸術に合うようなスタイルをとっています。清方は抱一上人と抱一のガールフレンドだったおちかさん（もともと吉原の遊女だったが、身請けされてお手伝いさんをしていた女性）を描いています。この作品は、全然ジャーナリスティックな絵ではなく、江戸時代を懐かしんだ「郷愁の世界」が表されています。

《黒髪》、これは四曲一双屏風です。清方は、この作品で大正六年（一九一七）の文展において特選一席を受賞し、画家として最高の名誉を受けるこ

鏑木清方作《築地明石町》1927年 個人蔵

とになります。そしてそれが契機となって、社会的な地位も、画家の地位も自ずと上がりました。彼はもちろんそれを求めたり策を弄したりしませんでしたが、自然と評価が高まっていきました。しかし、これは従来の浮世絵師にはなかったことでした。その意味で、これは大変重要な意味があると思います。

《ためさる、日》、これは長崎の遊女を描いています。遊女が踏み絵をしているところです。これも大変重要な絵です。長崎では秀吉の時代からキリシタンが弾圧され、踏み絵というのがずっと行われていました。しかし幕末には、花魁が、お客さんからもらった豪華な着物を着て、そこで踏み絵を行うという一種のファッションショーになっていたとも言われています。この絵は、その様子を描いているのです。遊女は、江戸時代の浮世絵の最も重要な要素でした。しかし清方は、遊女の猥雑な感じは綺麗に流して、一つの会場芸術として描いています。ちなみに、清方は晩年、会場芸術ではない、机の上で手にとって見るというような卓上芸術を精力的に作りました。

彼の最高傑作である《築地明石町》は、個人コレクターのもとにあります。昭和二年に描かれたものです。文展がなくなってその後、帝国美術展（帝展）というものになりましたけれども、それに出されたものです。これは、江木ませ子という美人をモデルにしたと言われています。明治時代には、外国人居留地が多くあって、築地明石町は、まさに文明開化の中心地でした。ですから、後ろのほうに居留地や洋船が描かれています。また、この作品には、明るい明治の雰囲気というものが、郷愁として描かれています。関東大震災が起こり、東京にあった「江戸」というものが完全になくなって洗い流されてしまいました。その時に、「明治」というものを懐かしんで彼は描いたわけです。ですから、やはり清方は、「郷愁の画家」だったのです。ここには浮世絵の持っていた同時代性あるいはジャーナリスティックな感覚はほとんどありません。この絵は、当時から大変有名でしたが、十年二十年前から重要文化財あるいは国宝に指定しようという動きがあります。私もこの十年間、文化財審議委員をしております。

《築地明石町》は、現在、あるコレクターのプライベート・コレクションで、未指定であればこれは基本的に人に見せる必要などないのです。所有者は、「重要文化財なんかに指定していただかなくてけっこうだ」と思っているようです。私は、これは素晴らしい決心だと思います。国のお墨付きを得ることがすべてではないわけです。

## 前田青邨　―平凡なる非凡人―

次に、前田青邨についてお話いたします。青邨も長寿でした。青邨の《白頭》という自画像。近代の日本画家で自画像を描いた人はそれほど多くありません。私は、青邨の一種の自意識というものをこの絵の中に感じるのです。

青邨は、大変穏やかな人柄で、一切人と競争をしようとはしませんでした。あるいは画家としての名誉、あるいは立身出世、あるいは大学の美術の先生などとしての地位を一切求めませんでした。このような姿勢は終生変わることなく、それは彼の清廉潔白なる性格と結びついたものでした。

昔、文化庁長官で、今日出海《こんひでみ》さんという方がいらっしゃいました。今さんのエッセイの中に、『平凡なる非凡人』というものがあります。その中で、青邨を評して、「極めて平凡な人だった。しかし実際は非常に非凡だった」というようなことを言っています。平凡――その一番の理由として、青邨にはエピソード、逸話というものがほとんどないということが挙げられます。私はもちろんそれを否定しません。しかし私は、青邨を平凡と言うのは、やはり彼の本質というものを少し見誤っているのではないかと思っています。彼の絵画をずっと見ていると、そこには大いなる革新や、創造というものがあって、やはりこれは単なる平凡ではできないと私は思うのです。

青邨には、一種の革命的な考え方がありました。やはり平凡な人間ではなかったのです。一方で、単に非凡人というものでもありませんでした。彼の生活だけを見ると、確かに極めて平凡ですよ。画家によく見られる、エキセントリックなエピソードがほとんどありません。淡々と生活をしています。しかし、絵画においては、極めて強い「自我」が見られます。それは、日本画家の中では非常に稀である、自画像を残していることからも分かります。洋画家は、たくさん自画像を残しています。西洋における自画像の歴史というのが簡単に書けるでしょうけれど、日本における自画像の歴史は、そう簡単には書けないのです。これは近代になって、西洋から「自己意識」というものを学んだことによって初めて成立したものだからです。それ以前は、皆無ではありませんが、ほとんど描かれていません。

それはともかくとして、この作品には青邨なりの極めて強い「自己意識」というものがあると思うのです。これは、青邨なりの「意識されたしたたかさ」だったのでしょうか。このことは、まったくあてはまらないかもしれないし、しかしまったく無関係というものでもないと私は思います。

青邨は、岐阜県中津川に生まれました。そして東京に出てきて、大変優れた画家であり、また教育者であった梶田半古《かじたはんこ》に師事しました。実は、先ほどの清方も、半古に心酔していました。青邨は、半古からいわゆる大和絵を学びました。ですから、青邨は、大和絵の画家であったわけです。そういった意味から、清方も、浮世絵も、広い意味では、大和絵の伝統を引いていると言えます。つまり、日本の風俗を描いているのであって、言いかえれば、源氏物語の系統を引いている画家なのです。

しかし、青邨は、酒井抱一《さかいほういち》からさかのぼって尾形光琳《おがたこうりん》、さらにさかのぼって俵屋宗達《たわらやそうたつ》、そして宗達のアートディレクターであったと考えられている本阿弥光悦《ほんあみこうえつ》といった琳派《りんぱ》の影響も強く受けています。大和絵をモダナイズして描いた画家なのです。また、モダナイズする時に、やはり「意識されたしたたかさ」というようなものが彼の中にあったのではないかと思うのです。

## 青邨の作品遍歴

青邨が三十二歳の時、大正五年（一九一六）の第三回の院展に出展した《京名所八題》は、ものすごく話題を呼びました。その中の一点は清水寺を鳥瞰的《ちょうかんてき》に描いた作品です。上空から見たように描いています。ここには、大和絵による、固定されない自由視点というものがあって、中国の山水画の原則としている三遠である、「平遠、深遠、高遠」というような絶対的な視点はありません。それから、大和絵には、「吹き抜け」と呼ばれる天井を取り払って、室内を柱越しに描く技法があります。これも鳥瞰的で、非常に自由な発想です。しかも、ここには西欧の厳密な一点透視図法というものはありません。

このような日本絵画の大きな特徴・伝統が、青邨の絵には確かに生きているのです。近代において、こういった視点から描いた人間はいませんでした。これは青邨が考えたイマジネーションとしての視点、イマジネーションとしての空間だったのです。だからこそ皆、驚いたわけです。そしてものすごい人気になったのです。これは革命、革新でした。私は、青邨が、話題性をねらって描いたのではないと思います。しかし、完成した時に会心の叫びをあげたに違いありません。また、展覧会で多くの人々の称賛を集める、オマージュを捧げられる――。そのようなことを、やはり青邨も考えたのではないでしょうか。

私は、青邨の《京名所八題》を見ると横山大観《よこやまたいかん》の《瀟湘八景《しょうしょうはっけい》》という絵をいつも思い出します。中国の湖南省《こなんしょう》に、湘江《しょうこう》と瀟江《しょうこう》の二つがあって、そこの八つの名所を、宋迪《そうてき》という人が選びました。それが瀟湘八景と言われるようになりました。

大観は、第三回文展に《瀟湘八景》を出しました。そして驚くことに、同じ文展に、寺崎廣《てらさきこう》業《ぎょう》という画家も《瀟湘八景》を出したのです。二つの《瀟湘八景》を見た夏目漱石は、「寺崎廣業の方は、何か昔見たことがあるような絵だ。その点、大観の方は、大観しか描けない瀟湘八景だ」と言いました。つまり漱石は、大観を誉めて、そして寺崎廣業をけなしたのです。それからいっぺんに寺崎廣業の人気はなくなってしまいました。

一方、大観はそれ以後、大変有名な画家になりました。しかし私は、大観のロマン主義に対して、廣業は古典主義的であって、そこには古い東洋の伝統が生きていて素晴らしいと思うのです。今や寺崎廣業は、完全に忘れ去られてしまいました。皆さんもほとんど知らないと思います。この前、秋田県立近代美術館で寺崎廣業展を開催したら、「寺崎コウギョウ、何を作っている工業会社ですか」などと言われました。もうそれは全部、夏目漱石の責任なのです。

《瀟湘八景》で人気を得た大観には、明らかに「計算されたしたたかさ」があったのです。大観と言う人は、話題がちゃんと出るように絵を描くのです。例えば、大観は、師の岡倉天心《おかくらてんしん》が東京美術学校を追われた時、院展に《屈原《くつげん》》を出品しました。そこには明らかに、汨羅《べキラ》の底に身を沈めた屈原と、同じように美術学校を追われた岡倉天心を重ねるようにして描いていま す。私は、これを「隠喩の美術」と呼んでいます。そういう明らかに話題になる、ジャーナリズムが取り上げるような事柄を大観は知っていたのです。

そういう意味では、大観は、極めて近代的な画家でした。現代の画家は皆それをやっていま す。大観は、そういった現代のコンテポラリー・アーティストの先駆なのです。私は、決して大観を貶めているわけではありません。しかし、大観にはそういう「計算されたしたたかさ」があったと思います。

青邨の《京名所八題》は、大観から大変強い影響を受けています。青邨は、最初は下村観山《しもむらかんざん》に、そして、観山が早く亡くなった後は大観に非常に愛されました。《瀟湘八景》と《京名所八題》、これはまさに「偶然の一致」ですね。青邨は、「もっと描きたかったけれども時間の都合上、八題で止めた」と言っていますが、彼は、大観の明らかに話題を集めるような主題、あるいは様式、描き方というものを知っていました。青邨自身、即大観の真似をしてやろうなどとは思わなかったでしょうが、完成した時に、彼が大観の《瀟湘八景》のことを全く思い出さなかったとも言えないのではないでしょうか。

天正少年使節・伊東マンショを描いた絵《羅馬使節》は早稲田大学が所蔵しています。これは三曲の屏風になっており、明らかに、西洋の祭壇画の形式を取り入れたものです。青邨は、「一番重要なのは人物画である。人物が描ければ花鳥も山水も描ける」と言っています。実際彼は、人物画家であったと言って良いと思います。もちろん山水も、花鳥も描いたけれども、基本的には、人物画家であったと言って良いでしょう。

東洋では、山水、人物、花鳥と三つに分けられます。伝統的には、山水というのがヒエラルキーのトップにあります。その次が人物、そして花鳥です。青邨は、二番目の人物を取り上げて、そしてそこに新しい境地を開いた画家だと言われています。私も、もちろんそれは否定しないし、その通りだと思います。しかし私は、青邨が言う「人物が描ければ、山水や花鳥は皆描ける」というのは、極めて西洋的な考え方だと思うのです。西洋では、まず人体というものがあって、そしてそれを基本にして考える。要するに、人間中心主義的なわけです。

前田青邨作《羅馬使節》1927年
早稲田大学會津八一博物館蔵
（写真提供／早稲田大学會津八一博物館）

それに対して東洋では、山水のほうが基本的なあるいは中核的な理念でした。山水画のほうが基本となるテーマでした。その点、青邨は、「人物が描ければ花鳥も山水も自然に描けるようになる。しかしその逆はありえない」ということを言っています。明らかにそれは西洋的な考え方です。青邨は、日本主義的な画家というように見られていますが、彼の根本的な考え方というのは極めて西洋的だったと私は思っているのです。実際、彼は実際に西洋を旅行して、その後この《羅馬使節》を描いています。

《洞窟の頼朝》は甲冑が見事に描かれています。青邨は、甲冑の研究者としても優れていて、本も出しています。

また、青邨が《浴女群像》を描いて発表したのは、七十一歳のときです。日本画では、ヌードを群像で描くことは大変珍しかったので、当然これも話題になりました。彼は、年をとってからも毎年こういった傑作、あるいは話題作というものを生み続けました。そこに「意識されたしたたかさ」がまったくなかったとは言えないと思います。

## 小泉淳作　―遅咲きの山水画家―

小泉淳作は大正十三年（一九二四）、神奈川県鎌倉に生まれました。父策太郎は政治家でしたが、美術を愛する収集家でもありました。のちに画伯は東京へ移り、慶応義塾幼稚舎から大学予科（仏文）へ進みましたが中退し、東京美術学校日本画科に入学しました。最初、小説家になりたいという希望に胸をふくらませていましたが、同期に安岡章太郎がいて、とてもかなわないと思ったそうです。

時は太平洋戦争の真最中、前橋陸軍予備士官学校に入ったものの、栄養不良から結核を罹って終戦を迎えます。病も癒えて復学、美術学校を卒業したのは昭和二十七年、二十八歳のときでした。同期に平山郁夫がいました。二年後、新制作協会第十八回展に《花火》《床やにて》を出品、初入選を果たします。以後、同展に出品を続けました。

しかし昭和四十四年（一九六九）、最初の個展を京橋・中央公論画廊で開いたのを期に、以後は個展を中心とする創作活動を続けることになります。昭和四十九年（一九七四）、新制作協会日本画部から創画会へ名前が変わっても、画伯は出品を続けていました。しかし昭和五十一年（一九七六）、《植樹の山》が入選したのを機に、出品を止めることに決めました。それまでも創画会に所属していたわけではないのですが、これで美術団体との関係は完全になくなってしまいました。みずから退路を断ったともいえましょう。《奥伊豆風景》はその翌年に描かれた作品です。

そして昭和五十二年、「今日の日本画　第四回山種美術館賞展」に《奥伊豆風景》を推薦出品、優秀賞を受賞したのでした。作品集『ひとり歩き　その軌跡　小泉淳作』（東日本鉄道文化財団　二〇〇一年）には、「今までの人生で、たった一度だけ褒賞を受けた作品で、……電話をもらっても、きっと誰かのいたずらだろうと思って本気にしなかった」と書いています。ときに五十三歳になっていました。

ここまでが画伯の前半生です。五十三歳までを前半生というのもおかしな話ですが、画伯の場合にはちっともおかしくないのです。それまで画伯の絵は、ほとんど売れなかったからです。いや、売れる絵を描かなかったからです。桜や富士山など、売れる画題には興味が湧かなかったといいます。しかも四〇代のころには、美術団体に属するのを止めてしまいました。日本経済新聞に連載した「私の履歴書」には、そもそも要領がよくなかったし、少々偏屈の気味もあったと吐露しています。随筆集『随想』（文藝春秋　二〇〇八年）を読むと、なるほどと腑に落ちます。これではなかなか絵も売れなかったでしょう。

『ひとり歩き　その軌跡　小泉淳作』には、六十一点の作品が紹介されています。最後の第六十一図のみ陶芸作品ですが、あとはすべて絵画作品で、それが年代順に配列されています。このなかで最も早く描かれた作品は、昭和二十九年（一九五四）の《床やにて》です。画伯みずからこの作品集に、「二十九歳の時、当時の新制作展に初入選した絵である。阿佐ヶ谷に住んでいた頃、近くに一風変わった床屋のおやじがいて、そこで頭を刈ってもらった時の印象である」と、ごく短いコメントを寄せています。

《奥伊豆風景》や《春を待つ鳥海山》からは、まったく想像できない画風です。風景画だから当然だろうと言われるなら、《東大寺別当清水公照師像》や《聖武天皇・光明皇后御影》と比べてほしいのです。両者の間に何らかの脈絡を見出すことは、ほとんど不可能でしょう。しかし、画面の隅々まで埋めないではいられない空間恐怖と力強いモチーフによる益荒男ぶりの構成、きわめて重厚な色感という点で、《床やにて》は《奥伊豆風景》や《春を待つ鳥海山》と、微かにせよ共鳴を起こしているのです。

それまで画伯は自分の絵に悩み、迷っていました。もちろん、売れなかったからではありません。進むべき方向が、四〇代に入ってもはっきりとつかめなかったからです。しかし考え込むより、リアリズムでいくべきだという気持が徐々に強くなっていきました。そしてそれが信念に変わったのです。「山も野菜も花も描く対象とじっくり向き合い写生して、風景や静物が

小泉淳作作《春を待つ鳥海山》1995年
秋田県立近代美術館蔵
(写真提供/秋田県立近代美術館)

発する、生きている『気』をとらえたかった」といいます。「写生は対象を記録するのではなく、写生することによって自然から創造力を教わることなのではないか」とも書いています。《奥伊豆風景》《春を待つ鳥海山》はそのような写生の大きくみごとな結晶だったのです。これは、秋田県立近代美術館にある、《春を待つ鳥海山》です。淳作の美意識が凝縮された最高傑作です。

ところで、小泉淳作は東京美術学校日本画科を卒業しましたが、西洋近代画に強い関心をもち、強い影響を受けていることを告白しています。画伯をして《奥伊豆風景》や《春を待つ鳥海山》へ誘った直接の契機は、美術評論家の田近憲三氏から見せられた中国山水画、とくに唐や宋の山水画のコロタイプ図版にありました。しかし小泉芸術の根底には、西欧的な美意識があったというのが私見です。その事実を、《床やにて》は白日の下に示してくれています。そして何よりも、後半生の山水画や蔬菜花卉図のために、どうしても体験しなければならない通過儀礼のようなものでした。だからこそ画伯は、つぎのように堂々と宣言することができたのでしょう。

私が一番尊敬する画家はセザンヌである。複製画とはいえ、唐・宋の名画を眺めながら「あっ、セザンヌと同じだ」と感じた。いい絵は洋の東西を問わず、普遍的な輝きをもっているのだ。

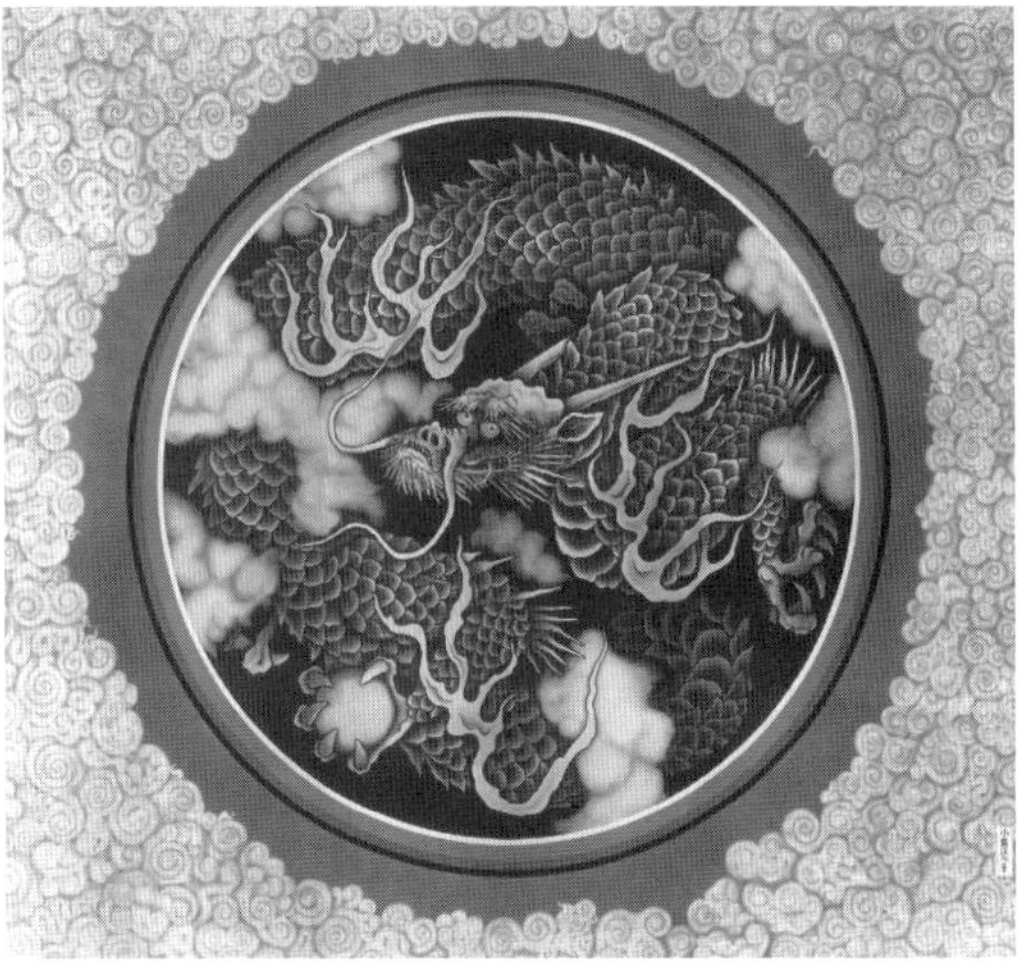
小泉淳作作 建長寺法堂《雲龍》の図　2000年
建長寺蔵（写真提供／建長寺）

そして、一三〇〇年の歴史を誇る華厳宗・大本山の《東大寺本坊の襖絵全四〇面》。これは、彼が八〇歳の時に五年がかりで精魂込めて描き上げた壮大な作品です。東大寺本坊は皇室の方々などをお迎えする大広間として使われるところで、一度も画が描かれることはありませんでした。しかし、東大寺は、迫力のある筆致で鎌倉建長寺の《雲龍》の図や京都の建仁寺の《双龍》の図を描き上げ、平成十八年（二〇〇六）には《聖武天皇・光明皇后御影》を描いている画伯に襖絵四〇面の画を依頼しました。

小泉淳作作《しだれ桜（東大寺本坊襖絵の内）》 2010年
東大寺蔵（写真提供／東大寺）

「千年の花を咲かせたい」と情熱を傾けて描かれた桜や蓮の生命観あふれる花々の饗宴は見事としか言いようがありません。「四〇面も描いてちょっと抜け殻のようになっちゃった」ともおっしゃっていました。老画家最後の偉業となりました。

小泉淳作画伯が亡くなったのは、平成二十四年一月九日、享年八十七でした。改めて心より、ご冥福をお祈りいたしたく存じます。私も編集委員を務める美術雑誌『國華』の姉妹組織に、國華清話会という美術鑑賞のための集まりがあるのですが、その会報誌のために、インタビューアーとして鎌倉十二所《じゅうにしょ》のお宅にお邪魔したことが、懐かしく思い出されます。建長寺で開いた國華清話会に、講師をお願いしたこともあります。建長寺法堂の天井画が、画伯の彩管（筆）になる《雲龍》の図だったからです。その作品について、本当に訥々という感じでお話し下さり、境内のはずれにしつらえられたアトリエまで案内していただきました。すべてが昨日のことのように感じられます。

**著者略歴**

河野元昭（こうの　もとあき）

美術史学者。専門は近代。二本松学院京都美術工芸大学学長、東京大学名誉教授。秋田県立近代美術館名誉館長。静嘉堂文庫美術館館長。美術専門誌『国華』前主幹。主な著書に『新編名宝日本の美術第二十六巻　大雅・応挙』（小学館）、『北斎の花　葛飾北斎』（小学館）、『琳派　響き合う美』（思文閣）。

# 鎌倉彫の源流を辿る

後藤圭子

## 仏師と鎌倉彫

鎌倉彫と聞くと、どのようなイメージをお持ちでしょうか。牡丹が彫ってあって、小豆色で、ちょっと古めかしくて、装飾的……などでしょうか。あるいは、若い方でしたら、「母が彫りを習っていました」とおっしゃる方もいらっしゃるかもしれません。

私は、鎌倉彫を家業とする博古堂という店の四代目です。明治時代からこの鎌倉彫制作を続けていますが、それ以前は仏師で、家伝には運慶を祖として代々仏様を作り続けてきたとあります。鎌倉扇ガ谷に寿福寺というお寺があるのを、ご存じでしょうか。鶴岡八幡宮から十分かからない所です。その門前が鎌倉時代から続く仏師たちの集落で、十数軒の仏師たちが代々仏像を作ってまいりました。その中の一軒が私共で現在も住まいがあります。しかし、明治時代になりますと、廃仏毀釈などで仏像の需要が少なくなり、造仏の技術を生かし鎌倉彫へと移行しました。

博古堂の初代が、後藤齋宮《いつき》、二代目が後藤運久、二人は仏師であることに非常な誇りと気概をもっていました。そのため造仏から離れることに感慨深いものがあったようですが、心機一転、新たな鎌倉彫の技法・表現の確立と普及を目指しました。

## 仏師の仕事 ―鎌倉時代以前―

鎌倉彫というのは、彫り方と塗り方にはっきりとした定義がありません。鎌倉時代に堆朱《ついしゅ》の影響を受け、禅宗の仏具制作から始まり、鎌倉の地で発展してきたという歴史そのものが特徴といえます。作例を時代順に追っていくことで、鎌倉彫の姿を理解して頂けたらと考えております。まず、鎌倉彫は、木彫り・漆塗りです。本体を木で作り、そこに文様を彫り込み、さらに漆を塗って仕上げたものです。

鎌倉時代の話に入る前に、平安後期、藤原期の日本古来の仏師の仕事をいくつか取り上げたいと思います。この時代は、全国的に阿弥陀浄土信仰が広がっており、各地に阿弥陀堂が建てられました。その代表的なものとして、宇治の平等院や東北・平泉の中尊寺金色堂などがあげられます。

平等院の鳳凰堂には阿弥陀様が祀られており、鳳凰堂の前には池があります。そして、その池越しに見上げると、ちょうど阿弥陀様のお顔のところが窓で開いていて、拝めるような造りになっています。中は天女の浮き彫りや壁画などで、極楽浄土のイメージを作り出した美しい建物です。

阿弥陀様の天蓋[2]には、中央に蓮の雄しべが彫られ、外側が蓮の花びらになっています。その外にあるのが雲唐草《くもからくさ》です。唐草が雲のような、あるいは葉のような非常に柔らかい肉取りで動きも穏やかに彫られています。更に外周には宝相華《ほうそうげ》という仏教上の想像の植物がやはり優しく彫られております。全体が、阿弥陀堂の極楽浄土のイメージに合わせた、柔らかい彫りで表現されています。

中尊寺・円乗院所蔵の後背の残欠も平安後期のもので、造形的に非常にレベルの高いものです。茎の中心が高くなっており、その流れを追うと先端に宝相華が花開いています。途中の葉も蔓も正確に茎の芯から出ており、構造がしっかりしています。さらに肉取りもその流れに沿って中心が高く、外へ向かって低く彫られ、また、蔓が宝相華の花や葉とぶつかりあって、緊張感を生み出しています。全体的にスピード感のある唐草ではなく、ゆったりとして速度を殺し重みのある表現で、高度な技術を感じさせる彫刻表現の宝相華唐草、後背の残欠です。

これらが鎌倉時代以前の日本古来の仏師の彫った作例で、鎌倉彫の源流と考えられております。

## 仏師の仕事　仏具　—鎌倉・室町時代—

鎌倉時代、中国の宋の僧侶、栄西が日本に伝えたのが、禅宗です。当時の執権・北条氏の庇《ひ》護《ご》を受けて、鎌倉には鎌倉五山を始め禅宗のお寺が数多く建てられました。寺院の建物は、当時の宋の美術様式であった唐様で建てられました。代表的なものが、円覚寺の国宝・舎利殿です。建物が唐様なので、中の什器《じゅうき》や仏具類もやはり唐様で作られました。

そして仏像を作るため全国から仏師たちが集められましたが、その代表が奈良仏師でした。什器や備品、仏具類もその奈良仏師によって作られたと考えられます。その当時の鎌倉は、建物も什器も唐様で、ある意味唐様ブームだったと想像できます。

また、禅宗と共に中国から入ってきたものとして、先ほどの建築様式のほか、絵画、彫刻、書など、工芸では青磁や青銅製の花器、あるいは天目茶碗《3てんもくちゃわん》、さらに漆の堆朱《ついしゅ》などがあげられます。

では、鎌倉時代の建長寺、円覚寺の仏具類を見てまいります。建長寺の須弥壇《しゅみだん》[4]（仏様を安置するための台）は二メートルぐらいの幅のある、たいへん大きなものです。この特徴は、上下に張り出した台のその張り出しの形で、中央のきゅっと締まった部分に唐様の獅子と牡丹が繰り返し彫られています。その他にも、蓮や擬宝珠《ぎぼし》などがそれ以前の時代にはない唐様の様式になっています。

建長寺獅子牡丹文須弥壇（重要文化財）建長寺蔵
Ⓒ十文字美信

右上から飛び込んでくる獅子の下には牡丹の花が二つあり、また、うずくまった獅子も彫られています。どちらの獅子も上をカットして狭い幅の中にぎゅっと押し込められています。このように圧縮することによって動的な感じ、躍動感や反発する力感などを増す効果が出るのです。板を多く残す彫り方で、文様の輪郭線に刀を直角にたちこみ、輪郭の外側をさらいますが、そのさらう刀の角度を変え、斜面を急に細くとったり、あるいは幅を広く斜面を寝かせてとったり、抑揚をつけることにより獅子の躍動感を簡潔な刀さばきで表現しています。他の部分はほとんどさわらずに板のまま残していますが、わずかに花の部分で、少しふっくらと丸みをつけています。このような獅子と牡丹が二回繰り返されて彫られています。

円覚寺牡丹文前机（重要文化財）円覚寺蔵
©十文字美信

また円覚寺に伝わる前机《まえつくえ》は、須彌壇の前に置いて香炉《こうろ》や燭台《しょくだい》などを置く台になります。これも唐様の様式の代表的な作例で、すべてに重み、あるいは量感を出す工夫がされています。まず特徴的なのは脚で、押さえ込むようなカーブで、張り出しと絞り込みによる力感のある構造です。二番目には、透かし彫りの牡丹が枠の中に押し込めるように配置されていて、圧縮した唐草の流れるリズムも、先ほどの中尊寺や平等院の唐草に比べて非常に強く、ある意味不自然に感じられるほどです。またこの花弁は、全部外から内側にえぐるように彫ってあり、葉も同様です。このえぐってある部分と、わずかにふくらませた葉の内側や茎との陰影、あるいは強弱のリズムで、強い量感といいますか力感のようなものが表現されています。

以上二点、鎌倉彫の祖型となっている作例です。

## 堆朱に学ぶ香盒《こうごう》

次に、堆朱《ついしゅ》についてふれておきます。まず型をつくり、その上に漆を何層も塗り重ねることにより厚みができます。その後、中の型を抜いてしまうと漆のみで器ができます。その漆の器に文様を彫り込んだものが、堆朱です。

この堆朱が、鎌倉時代に中国から伝わってきました。そして、仏師たちが仏具を作るのに、この堆朱に興味を持ち、刺激を受けたということは充分に想像がつくことだと思います。そして作られたのが、木彫り漆塗りの大香盒《こうごう》でした。

一四八七年、公家の三条西実隆《さんじょうにしさねたか》の日記『実隆公記《さねたかこうき》』に「堆紅盆鎌倉物一枚」という記述がでてきます。これが今に言う、鎌倉彫ということになるようなのですが、その『実隆公記』の時代と同時期に作られたのが、京都の金蓮寺《こんれんじ》の香盒です。これは、儀式用の直径が二十九センチほどある大きなもので、裏に朱書きで「金蓮寺《こんれんじ》常住文明一三年拾月一五日」という銘が入っています。鎌倉彫で、在銘のあるものとしては最古のものです。こちらは、側面が風呂桶のように板が十四枚剝《は》いで作ってあり、その上に天板を落としこみ、模様を彫っています。そのために反りもなく蓋と身が隙間なくできて、現在でもきれいにはまっています。いわゆるめがね型の屈輪文様《ぐりもんよう》で、全体的にふっくらとした肉取りで、やわらかく穏やかな印象の香盒です。中国の堆朱のものと見比べてみると、堆朱は正確に一つのめがねの形が繰り返されているのに対し、金蓮寺のものは、中心からの分割は正確に六つに分かれていますが、その中のめがねの形は、ひとつひとつフリーハンドで描かれていて、重ね合わせると少しずつずれています。このことにより、柔らかい印象を醸し出しており、いわゆる日本人の感性というものなのでしょう。堆朱の作品は、流麗で、緻密、あるいは技巧的、工芸的な作風です。それと比較して鎌倉彫は、

南禅寺牡丹文大香盒　南禅寺蔵
（写真提供／南禅寺）

素朴で力強く、大胆でおおらかで彫刻的というような表現ができるかと思われます。

上の写真は、京都の南禅寺に伝わる牡丹文の大香盒《こうごう》です。鎌倉彫の代表的作例ですが、こちらは三十一・四センチという大きなもので、蓋の甲がわずかに張っています。その大きく張った天板に、ほとんど長方形または楕円形、或は台形のような形の中に押し込められた牡丹が彫られています。抽象的な形の花と葉の隙間は非常に深く、一センチ以上彫り下げてあり、花と葉が島のようにはっきりと浮き上っています。そして、その固まり感を疎外しないように、花びらと花びらとの段差は大変浅く彫られ、花脈《かみゃく》も速度を殺して重たい線で表現されています。葉脈も、張りのある線で彫られ、全体としてしっかりした構成と彫刻的な力感のある素晴らしい作品として、鎌倉彫古典の代表作のひとつとなっております。

次は京都の泉涌寺《せんにゅうじ》に伝わる、やはり大香盒です。こちらは屈輪唐草。屈輪でも、唐草風の屈輪という様式になります。文様の線の間は、V字に溝を彫ってあるだけです。しかし、単なるV字というのではなく、側面に張りをもたせたり、シャープな感じではなく非常にぐずぐずしたというような印象の彫り表現がされています。唐草の動きも、いわゆる唐草のセオリーをある意味逸脱していて、出てはいけない方向に出ているようなところもあります。しかし、真似のできない深い味わいがあり、木や漆の柔らかさや温かさ、そういうものを感じさせる魅力ある香盒です。

　この香盒の裏に「浦雲」という朱書きがあります。浦雲というのは一五世紀半ばの円覚寺の住職に、浦雲周南という人がいるのですが、その浦雲ではないかと推測されます。浦雲は、南北朝時代に京都から鎌倉に下向して、円覚寺、覚園寺《かくおんじ》の住職となります。後に、京都に移り南禅寺、建仁寺の住職も務めています。覚園寺というのは、京都の泉涌寺の末寺にあたりますから、その末寺から京都の泉涌寺に行くにあたって、香盒を作って持って行ったというのは、容易に想像のつくことで、当時の鎌倉と京都との関係を考えるための一つの歴史的

泉涌寺屈輪唐草大香盒　泉涌寺蔵
(写真提供／泉涌寺)

円覚寺屈輪文大香盒　円覚寺蔵
Ⓒ十文字美信

に意味のある作品と言えます。

もう一点、円覚寺にありますやはり大香盒。隙間の部分も屈輪と同じ板の高さにとって彫られた柔らかい浅彫りの香盒となっております。

同時代の香盒類を追ってまいりましたが、堆朱を模して作った鎌倉彫ですが、日本人の感性をして、また堆朱とは違った味わいがあることをご覧頂けたかと思います。

## 桃山時代　笈《おい》と硯箱について

香盒と同時代に、東北地方では、笈《おい》が盛んに作られました。笈というのは、修験道の道具で、野武士が山を歩くときに、道具類を入れて背負ったと言われています。この笈の文様は椿がほとんどです。椿というのは、幸いをもたらす使者のものと考えられていたようです。

笈は岩手県の中尊寺、あるいは福島の示現寺などに数多く現存します。きれいな彩色がほどこしてあるものが多く、共通して言えることは、文様化された椿の花、そしてその葉の部分も全体的に中心に向かいV字型に彫られていることです。ところどころ逆に中心を山型に脹らませた葉をいれ、水玉状の露を装飾的につけています。どれも意匠的に現代においてもモダンで優れた作風となっています。笈は、東北地方独特のもので、恐らく日本古来の仏師の技術の流れをくんだものではないかと考えられます。ただ、いろいろな色を使っているようなところは、多少彫漆の影響も受けている可能性はありますが木彫り漆塗りの作例です。

そして、少し時代は下りますが、桃山時代に作られた猿面硯台という猿の顔の形をした硯《すずり》を入れる箱《はこ》があります。桃山時代は、外来文化が好まれ、また自由で躍動的な気風がありました。それらを反映して、この獅子牡丹文硯台も非常に流動的な構図になっています。四角の画面を対角線にとって、獅子が上から飛び込んで来ます。その瞬間に牡丹の木をぐっと押して、花びらが一枚水面に散る。画面中央は深く、外に向かって徐々に浅く彫られた地に、地紋のように水の流れを彫り込み、獅子を浮き上がらせています。押された枝の先端は獅子の向こう側に回り込み、奥行きの空間表現も見られます。彫りは、獅子の胴の部分は板で残していますが、花はすべてえぐったような表現で、葉も主脈に向かってV字型に彫られており、彫刻的には堆朱の彫りを連想させるものです。

獅子牡丹文硯台　鎌倉国宝館蔵　©十文字美信

こうして鎌倉時代から桃山時代にかけて、まずは日本古来の仏師の技、宋風仏教美術、そして堆朱の技法あるいはデザイン等の要素が、長い時間をかけて渾然一体となり出来上がったのが鎌倉彫です。この後、江戸時代は茶道具や生活什器が作られましたが徐々に下火となりました。そして明治になり、冒頭で述べたように鎌倉彫の再興期を迎えることとなります。

注

1　堆朱《ついしゅ》……盆、大香盒などの調漆品

2　天蓋《てんがい》……仏像などの上にかざす傘

3　天目茶碗《てんもくちゃわん》…天目釉と呼ばれる鉄釉をかけて焼かれた陶器製の茶碗

4　須弥壇《しゅみだん》……仏教寺院において本尊を安置する場所であり、仏像等を安置するために、面よりも高く設けられた壇で、須弥山を模したと言われる。

5　香盒《こうごう》……香を入れる蓋つきの容器。

6　屈輪模様《ぐりもんよう》…朱漆を何層にも塗って模様を彫り表したもの。

**著者略歴**

後藤圭子（ごとう　けいこ）
東京藝術大学工芸科卒業。二〇〇三年～二〇〇五年鎌倉彫資料館館長。二〇〇六年より鎌倉彫博古堂四代目当主。主な著書に『鎌倉彫後藤家四代』後藤俊太郎共編（かまくら春秋社）。

参考文献

『鎌倉彫』　後藤俊太郎（主婦と生活社）
『日本の漆芸6　螺鈿 鎌倉彫 沈金』岡田 譲（中央公論社）

# 鎌倉幕府の興亡

錦　昭江

## 頼朝、幕府を開く

はじめに、何故、頼朝が幕府の地として鎌倉を選定したのか、という話からいたしましょう。

これまで鎌倉は「城塞都市《じょうさい》」ともいわれるように、要害の地であることが強調されていました。『太平記』という軍記物では、新田義貞が守りの固い鎌倉を攻めあぐんでいましたが、稲《いな》村《むら》ケ《が》崎《さき》で剣を投じたら、潮が引き、市中に進軍できたというエピソードが登場します。稲村ケ崎を義貞が渡ったのは、元弘三（一三三三）年五月二十一日ですが、すでにこの時以前の五月十八日に、「前浜《まえはま》」で幕府軍と倒幕軍が戦い、多数の怪我人がでたという史料があります。「前浜」は、現在の由比《ゆい》が浜《はま》です。

また、足利尊氏の鎌倉攻め等、その後も鎌倉は、何度かさまざまな軍勢に攻め込まれており、その際も、わずか一日か二日で陥落しております。このような史実をふまえると、鎌倉は必ずしも「城塞都市」とは言えず、防衛面だけで言えば、鎌倉と同程度の条件の土地は、他にもあったと思われます。

では、なぜ、頼朝があえて鎌倉を幕府の地に選定したのかといいますと、やはり鎌倉が源氏ゆかりの地であったということが大きな要因だと推察されるわけです。

頼朝が、武家政権を開くにあたり鎌倉を選定した理由として、必ず登場するのが『吾妻鏡《あずまかがみ》』の治承四（一一八〇）年九月九日の条です。『吾妻鏡』は、編纂されたのは鎌倉後期であり、頼朝と同時代の人が書いた記録ではありませんが、鎌倉前期〜中期の出来事が年代順に記録されているという点で貴重な史料です。この治承四年というのは、頼朝が伊豆での長い流人《るにん》生活に終止符を打ち、挙兵するのですが、石橋山《いしばしやま》合戦で敗北し、真鶴《まなづる》から船に乗り、房総半島まで逃れたという時期です。そこに源氏に好意を持っている関東の武士たちが、頼朝のもとに続々と集まってくるわけです。その一人が、この地域に地盤をもつ千葉常胤《ちばつねたね》という武将でした。

この常胤が頼朝に「この地は、それほどの要害の地ではなく、また〈御嚢跡《のうせき》〉でもありません。早く相模国鎌倉に向かうべきでしょう」と言いました。〈御嚢跡〉の「嚢」というのは、「先の」とか「昔の」という意味で、転じて先祖という意味もあります。ですから史料では、常胤は「先祖ゆかりの地」であることを理由に、鎌倉を頼朝の本拠とすべきだと進言したということになります。真偽は不明ですが、少なくとも『吾妻鏡』が成立した鎌倉後期には、このような伝承が多くの人々に流布していたことは確認されましょう。

源氏山公園に鎮座する源頼朝像

## 頼朝以前の鎌倉

では、頼朝が入府する以前の鎌倉はどのような状況だったのでしょうか。『吾妻鏡』治承四年十二月十二日条を見ていきましょう。頼朝は同年十月六日に相模国に到着しますが、当初は適当な屋敷がないので、民家に逗留《とうりゅう》して、急いで御所の建造に着手します。そして、この年の十二月十二日に新御所が完成しました。この鎌倉の地は辺鄙《へんぴ》であり、漁師や農民以外に居を構える者も少ない。頼朝が鎌倉の主となってからは、街々に道路ができ村や里ができ、そして家が沢山建つようになった、と記されています。このように『吾妻鏡』では、頼朝入府以前の鎌倉は、かなり田舎であったと記しています。しかし実は、この点について、他の史料では少し異なる状況が検証されます。

ここで、頼朝入府前の鎌倉について簡単に説明しておきます。まず、「鎌倉」という地名は、すでに奈良時代に編纂された『古事記』や『万葉集』にも登場しています。また、一九八〇年代に、JR鎌倉駅裏にある御成《おなり》小学校の校庭が発掘されまして、この地から、奈良時代の郡の役所の跡と推定される遺構も見つかっております。正倉院文書《しょうそういんもんじょ》にも「相模国鎌倉郡鎌倉郷」という記載があり、奈良時代に相模国には八つ郡が置かれ、鎌倉郡はその中の一つにあたります。その鎌倉郡の郡役所に相当するものが、現在の鎌倉市中にあったということになります。発掘結果から、郡役所が機能していたのは八世紀から十世紀頃、すなわち摂関政治が始まる頃ぐらいまでと推定されていますので、この時期まで鎌倉が行政の一つの地方拠点であったと言えるでしょう。

皆さんは太平洋側の主要交通路といいますと、まず東海道を想像されると思います。当時の陸路は、近世以降の東海道とは、かなりルートが異なっております。奈良時代中期以前の陸路では、湘南から鎌倉郡を経て三浦半島を横断し、海路、房総半島に向かうというルートがありました。

ですから奈良時代の鎌倉は、辺鄙な田舎ではなく、東国の交通・流通の一つの拠点でもあったわけです。つまり、先程読みました『吾妻鏡』にある「辺鄙な地」というのは、頼朝の徳をたたえるための誇張がかなり入っているということがうかがえるわけです。

## 源氏と東国

これまで、鎌倉はさほど要害の地ではなかったこと、また頼朝入府以前にもかなり地方都市として機能していたというような話をしました。次に、一般的には、源平の対立で、平氏が西国、源氏が東国に基盤を置いていたと考えられがちですが、当初、東国に拠点があったのはむしろ平氏です。ここで平安後期の東国の平氏の動向について、少し話を加えておきましょう。

平氏の祖は、桓武《かんむ》天皇の曾孫・高望《たかもち》王まで遡ることができます。この高望王の四人の子が関東平野におのおの拠点をもち、坂東諸国は平氏の勢力基盤となっていました。承平五（九三五）年に、高望王の孫にあたる平将門《たいらのまさかど》が大きな反乱をおこします。将門が伯父の国香《くにか》を殺害したことにはじまるこの乱で、一時、将門の勢力が関東を席捲します。

しかし、国香の子・平貞盛《さだもり》らによって乱は終息します。乱後、今度は平貞盛の系統と貞盛の叔父である良文《よしふみ》の系統とが、東国でさらに覇権争いをするようになります。この結果、起こったのが長元元（一〇二八）年の平忠常《たいらのただつね》の乱です。都では、この前年に藤原道長が死去しております。ですから、摂関政治全盛期に、東国ではすでに武士の勃興が始まっていたわけです。東国で平忠常が反乱を起こしたとの報告が都に届きますと、朝廷では、良文の流れをくむ平忠常を討つのは、対抗している貞盛の曾孫・平直方《なおかた》に命じようということになります。

しかし、平直方は、二年を経ても戦果をあげることはできませんでした。そこで業を煮やした朝廷は、この乱の討伐を源氏に委ねようということになります。平直方に代わって、源頼信《みなもとのよりのぶ》とその子・頼義《よりよし》が東国に派遣されるわけです。源氏軍が関東へ下向すると、平忠常は戦わずして降伏しました。この平忠常の乱を源氏が鎮圧したことが、東国の平氏、西国の源氏という勢力圏が逆転する一つの契機となっていきます。

忠常の乱における頼義に関しては、『陸奥話記《むつわき》』という軍記物にも一つエピソードが載っております。東国の武士は、非常に源頼義を尊敬していたという話です。平直方は、頼義の武勇を讃え、頼義に自分の娘を嫁にすることを願い出ます。こうして頼義と平直方の娘との間には、その後三男二女が生まれます。頼義の嫡男・源義家《よしいえ》は、この二人の間に生まれた男子です。つまり、平氏の血と源氏の血両方引く男子となるわけです。なお、後年、北条氏は平直方の末裔であることを主張していますから、この平直方という武将は、源氏の東国支配のキーポイントとなる人物の一人といって良いでしょう。

さて、源頼義は直方の娘を娶った際、平直方から娘の引き出物として鎌倉の別荘をもらったという記録があります。このことが源氏と鎌倉が結び付く直接の契機となりました。

## 源氏と鶴岡八幡宮

平忠常の乱後、東北地方で永承六（一〇五一）年に、前九年《ぜんくねん》合戦が始まります。この前九年合戦に勝利した源頼義は、都に帰る途中に鎌倉に立ち寄り、京都の石清水《いわしみず》八幡宮を鎌倉の由比郷に勧請《かんじょう》したといわれます。京都の石清水八幡宮は、九州大分にある宇佐《うさ》八幡宮を分祀したものので、頼義はさらに鎌倉に分祀したということになります。

伝承ではありますが、頼義が石清水八幡宮に参籠した際に夢を見ます。そしてその夢の後に生まれたのが義家であり、このことから、鎌倉でも八幡神を祀るようになったとも言われております。

もともと「八幡大菩薩《はちまんだいぼさつ》」という名称でもわかるように、八幡宮というのは「八幡神」と「大菩薩」、すなわち、神道の系統と仏教が合体しています。ですから、由比郷に勧請した際も、八幡宮寺というように、神道と仏教両方ともに勧請しています。また、最初の勧請地は、海岸に近い材木座《ざいもくざ》にありました。今でも元八幡《もとはちまん》という小さな社《やしろ》がございますが、そこが頼義の頃の八幡といわれております。

さて、前九年合戦の後、東北地方で再度大きな合戦が起こります。永保三（一〇八三）年に始まる後三年《ごさんねん》合戦ですが、頼義の嫡男・義家は、この後三年合戦に出陣する際に、父が勧請した鎌倉の八幡社を修復したという記録があります（『吾妻鏡』治承四年十月十二日条）。義家はこの後三年合戦で奮闘するのですが、この合戦は私闘だということで、朝廷からは恩賞が出ませんでした。そこで義家は私財をなげうち、勝利に尽力した東国武士に恩賞を与えたということで、ここで朝廷を介在しない源氏と武士という主従関係が固まったといわれております。

この後三年合戦で奮戦した有名な武将として知られているのが、鎌倉権五郎景政《ごんごろうかげまさ》です。権五郎神社というのが鎌倉の長谷にありますが、権五郎景政は後三年合戦で目を射られたけれども、奮戦したという逸話から、この権五郎神社は眼病に霊験ある神社として、現在でも信仰を集めております。この鎌倉権五郎景政に代表されるような鎌倉党の武士、それから三浦半島に基盤とする三浦一族、後に土肥氏や土屋氏、二宮氏を輩出する西湘地区を基盤とする中村氏、こうした相模国を根拠地とする武士たちが、続々と義家と主従関係を結ぶわけです。

## 頼朝、鎌倉入府

源義家の後、源氏の系譜は義親《よしちか》、為義《ためよし》、義朝《よしとも》と続きます。この間、都では、伊勢平氏の平忠盛《ただもり》・清盛《きよもり》父子が台頭し、義家以降の源氏はしだいに平氏の後塵を拝するようになってきます。源氏の敗北が決定的になるのが、平治元(一一五九)年の平治《へいじ》の乱です。この乱で敗れた源氏は、棟梁《とうりょう》の義朝をはじめ、主だった一族がほとんど絶えてしまいます。源氏の直系で、辛くも生存を赦された義朝の子・頼朝は伊豆に配流となります。ここで冒頭の話にようやくつながってまいります。

頼朝は、雌伏数十年を経て伊豆で挙兵し、治承四年十月七日に多くの東国武士を率いて、鎌

鶴岡八幡宮（写真提供／鶴岡八幡宮）

倉入りします。鎌倉入りを果たした頼朝が、まず、最初にしたことが鶴岡八幡宮の遥拝《ようはい》でした（『吾妻鏡』治承四年十月七日条）。このことは、源氏政権にとって、八幡宮が大事な精神的なシンボルだったということを示していると思います。そして、頼朝が八幡宮の次に訪ねた地が、父義朝の鎌倉での拠点といわれる亀谷《かめがやつ》でした。しかし、この地にはすでに岡崎義実《よしざね》が義朝の霊を弔うために祠を建立しており、また、狭隘だったので頼朝の邸宅は別の場所に建造することになったといわれています（『吾妻鏡』同年十月七日条）。

なお、頼朝の父・義朝が、鎌倉に拠点を持っていたことは、別の史料にも記録が残っています。天養二（一一四五）年に出された官宣旨《かんせんじ》です。この史料では、源義朝が、伊勢神宮領である大庭《おおば》御厨《みくりや》（藤沢市周辺）に許可無く侵入し、伊勢神宮に納めるべき税を横領した、という訴えに対し、義朝の行為を取り締まるために出された朝廷からの命令書です（『神奈川県史』資料編1、古代七七八）。大庭御厨で係争地となっているのが、鵠沼《くげぬま》付近とされています。伊勢神宮の訴えに対して、義朝は、「自分は鎌倉の館を先祖から伝えられ、現在も居住している。鵠沼も鎌倉郡のうちだ」と反論しています。この事件の最終的結末は不明ですが、この史料から、一定の期間、義朝は鎌倉の屋敷に実際に住んでいた可能性があるといえましょう。

## 鶴岡八幡宮の発展

鎌倉入りをはたした頼朝は、早速十月九日には御所の新造に着手するとともに、十二日には八幡宮を材木座から小林郷（現在地）に遷します。『吾妻鏡』五月十二日条には、「大庭景義《かげよし》をして宮寺の事を執行せしむ」と記録されております。鶴岡八幡宮は、正式には「鶴岡八幡宮寺」といわれ、神社と仏教とが習合したかたちで出発しています。この後も、頼朝は鶴岡八幡宮の造営には非常に熱心です。治承五（一一八一）年五月十三日には、「小林郷に遷した鶴岡八幡宮は、急ごしらえであり、最初は松の柱に茅葺《かやぶき》の屋根であったので、それを立派な社殿に作り直し、神威をしめそう」と工事を命じています（五月十三日条）。同月二十八日には「立柱上棟」（五月二十八日条）。造営工事にあたっては、わざわざ武蔵国浅草から大工を呼び寄せています（七月三日条）。

養和二（一一八二）年三月、頼朝の妻・政子が懐妊すると、安産祈願のために八幡宮から由比ガ浜まで参道を作ります。これが現在の若宮大路にあたり、工事には、政子の父・北条時政が自ら土石を運んで工事を手伝ったとあります（同年三月十五日条）。ところが、これほど精魂こめて作った鶴岡八幡宮は、火事で全部焼失してしまいます。『吾妻鏡』によると、建久二

（一一九一）年三月四日のことです。一夜にして焦土と化した八幡宮を見て、頼朝は、焼け残った礎石を拝み、落涙したと記録されています（三月六日条）。頼朝の落胆ぶりがうかがえる史料ですが、はや翌月には、再建工事が開始されています。この工事で鶴岡若宮の上の地に本宮が建造されました（同月二十六日条）。

今、鶴岡八幡宮に参りますと、本宮は階段上にあります。再建以前は、階段の右下の若宮と呼ばれている場所であったと推定されています。発掘調査でも、そこに参道があったことが確認されております。社殿が階段上に遷ったのは、この火災後の建久二年といえましょう。

## 武家政権の紐帯：八幡宮

現在、鶴岡八幡宮では、流鏑馬《やぶさめ》の神事が春と秋に行われております。この流鏑馬もすでに頼朝の時代から行われおり、八幡宮の境内は、武芸を競う場ともなっていました（『吾妻鏡』文治四年二月二十八日条）。また、建久三（一一九二）年、頼朝は念願の征夷大将軍となります。そして、勅使からその院宣《いんぜん》を受け取る場として、頼朝はこの八幡宮を選びました。

ここで、『平家物語』巻八「征夷大将軍院宣」の章段を見てみましょう。

鎌倉《かまくら》の前《さきの》右《う》兵衛佐《ひょうえのすけ》頼朝《よりとも》、ゐながら征夷《せいい》将軍《しょうぐん》の院宣《いんぜん》を蒙《かうむ》る。御使は左《さ》史生《ししょう》中原泰定《なかはらのやすさだ》とぞ聞えし。十月十四日、関東《くわんとう》へ下着《げちゃく》。兵衛佐《えのすけ》殿の給けるは、「頼朝年来勅勘《よりともねんらいちょっかん》を蒙ツたりしかども、今武勇《いまぶゆう》の名誉《めいよ》長《ちょう》ぜるによツて、ゐながら征夷将軍《せいいしょうぐん》の院宣《いんぜん》を蒙る。いかんが私《わたくし》でうけとり奉るべき。若宮《わかみや》の社《やしろ》にて給はらん」とて、若宮《わかみや》へ参りむかはれけり。八幡《まん》は鶴《つる》が岡《をか》にたゝせ給へり。地《ち》形《けい》、石清水《いわしみづ》にたがはず。廻廊《くわいらう》あり、楼門《ろうもん》あり、つくり道《みち》十余町《よちゃう》を見くだしたり。

（『新日本古典文学大系　平家物語』より引用）

なお、『平家物語』では、この征夷将軍院宣の章段は平氏滅亡以前に配置されており、この点、史実とは異なります。しかし、物語のこの部分は、『吾妻鏡』建久三年七月二十六日条との共通点も多く指摘されます。『平家物語』・『吾妻鏡』は、同じ共通の情報を得て、一方は『吾妻鏡』に、一方は『平家物語』征夷大将軍院宣の章段になっているという可能性は指摘できると思います。物語によれば、頼朝が院宣を受け取る場として、意図して鶴岡八幡宮を選定したことが伺えます。この時の八幡宮の様相では、「地形は石清水に違はず。廻廊あり。楼門あり。作道十余町見下したり」とあり、まず、鎌倉期は廻廊が重要な建物の要素を占めていたということが注目されます。また、楼門と若宮大路にあたる作り道十余町を見下すようなところに社殿があったことが判ります。

この征夷大将軍の院宣のように、武家政治の重要な盛儀の場所として選定されたのが鶴岡八幡宮でした。また、八幡宮では、治承四年十月の富士川合戦（『吾妻鏡』同年十月十六日条）をはじめ、戦勝祈祷が何度かおこなわれております。文治五（一一八九）年、奥州藤原氏征討の際には、妻・政子は八幡宮に参り、自ら百度詣《ひゃくどもうで》をしています（文治五年八月十日条）。このように鶴岡八幡宮は、源氏政権の精神的紐帯としての役割を果たしていたのです。

鶴岡八幡宮は、頼朝の征夷大将軍の院宣を拝受した場面以外にも、さまざまな幕府政治を彩る政治の舞台ともなっています。

まず、静御前《しずかごぜん》が鶴岡八幡宮で義経を偲んだ歌を謡って舞ったというエピソードは良く知られています。この場面は『吾妻鏡』ではどのように記録されているのでしょうか。文治二（一一八六）年四月八日条によれば、頼朝と政子は、この日、鶴岡八幡宮に参り、舞曲を演じさせるため静を廻廊に召します。静は様々な理由をつけて固辞するわけですが、政子が仲介し、静は義経を慕う歌を歌いながら舞ったと書かれています。ここで、先に指摘しておいた廻廊に注目してみましょう。現在、鶴岡八幡宮に舞殿がありますが、静が舞ったのは舞殿ではなくて廻廊と呼ばれる、幅広い屋根つきの廊下なのです。この頃、鶴岡八幡宮はかなりの部分が廻廊で囲まれており、そこが儀式の場や集会の場になっていたことがうかがえます。

もう一つ、鶴岡八幡宮を舞台とした有名な政治事件といいますと、実朝暗殺です。『吾妻鏡』建保七（一二一九）年一月二十七日条の史料を見てみましょう。実朝が鶴岡八幡宮で暗殺される場面です。この日は、実朝を右大臣に任命する朝廷の使節を迎える儀式が鶴岡八幡宮でありました。事件は、儀式が終了し、実朝が退出する時に起こります。

「夜になって神事が終わり、実朝が退出する際、鶴岡八幡宮の別当《べっとう》公暁《くぎょう》が、石階の際より剣を取り、実朝を襲撃した」とあります。さきに倒れた八幡宮の大銀杏は、「公暁の隠れた銀杏」と伝承されてきましたが、『吾妻鏡』では銀杏はどこにも出てきません。『吾妻鏡』によれば、あまり突然の事件ということで、家臣らも右往左往するだけで、何もすることができず、公暁はやすやすと逃げることができたといいます。当時、八幡宮の裏手には僧坊があったのですが、公暁は師事していた備中《びっちゅう》の阿闍梨《あじゃり》という僧侶の屋敷に逃げ込みます。この阿闍梨宅で公暁が実朝の首を放さず夕飯を食べたという、非常に恐ろしい場面がリアルに描かれています。

## 頼朝以降の八幡宮

実朝暗殺後の承久三（一二二一）年、朝廷側と幕府側との雌雄を決する、承久の乱が起きます。この承久の乱でも、後鳥羽《ごとば》上皇討伐軍が鎌倉を出発した翌日、鶴岡八幡宮で戦勝祈願が行われております。この乱を制した鎌倉幕府は、執権北条氏を中心とした武家政権を確立します。蒙古襲来の際にも、当然、戦勝祈願が行われています。このように、頼朝期以降も、八幡宮は幕府の精神的紐帯でありました。

鎌倉後期の鶴岡八幡宮の様子を、二条という女性が書いた『とはずがたり』に見てみましょう。二条が京から鎌倉をたずね、鶴岡八幡宮に参じた場面です（一二八九年）。

明《あ》くれば鎌倉へ入るに、極楽寺という寺へ参りてみれば、僧の振舞《ふるまい》、都にたがはず、懐《なつか》しくおぼえてみつつ、化粧坂《けはいざか》という山を越えて、鎌倉の方をみれば、東山《ひがしやま》にて京を見るにはひきたがへて、階段《きざはし》などのように重々《じゅうじゅう》に、袋の中に物を入れたるやうに住まひたり……（中略）

まず御社《やしろ》へ参りぬ。所《ところ》の様《さま》は、男山の気色《けしき》よりも、海見はるかしたるは見所《みどころ》ありともいひぬべし。大名ども、浄衣《じょうえ》などにはあらね、色々の直垂《ひたたれ》にて参りいづるも様《さま》変りたる

（『とはずがたり』筑摩書房　より引用）

化粧坂から鎌倉入りをした二条が、高い所から鎌倉の町全体を見ると袋の中に物をいっぱいつめたように、人口が密集していると表現しています。鎌倉後期には、かなり鎌倉は過密都市だったということがうかがえます。男山というのは、京都の石清水八幡宮のことで、鶴岡八幡宮は石清水八幡宮に似ているけれども、海がはるかに見えるというところは風情があると比較して述べているわけです。様々な色の直垂で武将達が参拝していることも興味深げに記しています。頼朝期以降も、鶴岡八幡宮が多くの御家人の崇敬を集めていたこともうかがえましょう。

さて、元弘三（一三三三）年、新田義貞の鎌倉攻撃によって、幕府が滅亡してしまうわけですが、義貞は鎌倉を制圧した後、鶴岡八幡宮の社殿で、首実検を行ったというエピソードが『太平記』巻十四にあります。『太平記』では、足利氏と新田氏の不和の理由として、義貞が鶴岡八幡宮の拝殿で首実検し、境内の池で太刀・長刀を洗い、神殿を壊した神罰・仏罰にあるとしています。武士の精神的なシンボルを汚した義貞が、滅びる運命であったことを示唆し、ここでも重要な場面で鶴岡八幡宮が登場してまいります。

## 室町期の八幡宮

室町幕府が成立し、政権が京都に遷ると、足利尊氏の子・基氏《もとうじ》（二代将軍・足利義詮の弟）が鎌倉府の最高責任者である鎌倉公方《かまくらくぼう》となり、代々基氏の子孫が嗣いでいきます。京都の室町幕府に、将軍を補佐する管領《かんれい》という職が置かれたのと同様に、鎌倉府にも鎌倉公方の補佐役の関東管領が配置されます。関東一円を支配する鎌倉府は、ミニ幕府のような機能を果たしていたわけです。

しかし時がたつと、京都の将軍と鎌倉公方との対立が顕在化してきます。永享六（一四三四）年には、当時の鎌倉公方である足利持氏《もちうじ》が、将軍を呪詛《じゅそ》したといわれる血書願文《けっしょがんもん》（自分の血を混ぜて書いた文書）を鶴岡八幡宮に奉納しています。これは現存しています。持氏は、この後、永享十（一四三八）年に、永享《えいきょう》の乱を起こし、幕府軍と戦って敗れ、自殺に追い込まれてしまいます。

その後も、持氏の系統が鎌倉公方に立てられますが、しだいに京都の将軍も鎌倉公方も勢力が衰えていきます。そして、鎌倉公方を補佐する関東管領・上杉家も分家した家々で権力争いを繰り返し、関東は混乱期を迎えます。

戦国時代の混乱期を収拾して、鎌倉を再び制圧するのが、北条早雲《そううん》からはじまる後北条氏です。

「枯るる木に　また花の木を植えそえて　もとの都になしてこそみめ」

これは、北条早雲が戦国の混乱期に鎌倉入りを果たした時に詠んだ歌です。自分の力で、また鎌倉を鎌倉期のような繁栄した町にするぞ、という意気込みが伝わってくる歌です。いつの時代にあっても、武士にとって鎌倉というのは非常に特殊な場所だったことがうかがえます。

大永六（一五二六）年、早雲の子・北条氏綱《うじつな》が、安房の里見氏と鎌倉で合戦におよびますが、この合戦の際、鶴岡八幡宮が焼失してしまいます。氏綱は、すぐに八幡宮の再建に着手し、天文九（一五四〇）年に完成します。その子・氏康《うじやす》は鶴岡八幡宮の法度《はっと》九カ条を定めています。この法度は、鎌倉の町に居住する人々にむけて定められたもので、町人による鶴岡八幡宮の管理について定めた規則です。例えば、掃除は一ヶ月に一回は必ずしなければならず、さぼった場合は罰することや、落書き禁止とか源平池の掃除は毎年二月や八月二回行うことなど、非常に事細かく具体的なこと定めております。

北条氏が鎌倉を制圧した後も、関東管領である上杉氏はまだ存続していましたが、永禄四（一五六一）年に、上杉家は北条氏に対抗するために、越後の戦国大名・長尾景虎《ながおかげとら》（上杉謙信）に、関東管領職と上杉の名跡を譲ります。これ以降、長尾景虎は上杉を名乗るわけですが、この時、越後の長尾景虎は、上杉家の名と関東管領職継承の儀式のために、僅か数日ではありますが、自ら鎌倉に赴き、鶴岡八幡宮でその名跡の継承儀式、拝礼を行っています。

上杉謙信は実子がおらず、養子を二人定めますが、謙信の死後、この二人の養子が跡目争いをします。上杉景勝《かげかつ》と上杉景虎《かげとら》です。景虎は北条氏政《うじまさ》の弟にあたります。以前「天地人」という大河ドラマをご覧になったことがある方は、ドラマの中で「御館《おたち》の乱」が登場したことを記憶にとどめているかもしれません。この乱にあたります。この際、上杉景虎は、鶴岡八幡宮に戦勝祈願をしております。

## 武家の古都の終焉

さて、北条氏を滅ぼしたのが豊臣秀吉です。豊臣秀吉は北条氏を滅ぼした後、すぐに鶴岡八幡宮に参詣しています。そして、長い戦乱で荒廃してしまった鶴岡八幡宮を憂えて、家康に鶴岡八幡宮の造営を命じるわけです。秀吉の死後、ご存じのように、家康は石田三成と関ヶ原の合戦で雌雄を決するわけですが、会津から関が原に出陣する途上で、鶴岡八幡宮を参詣しています。つまり、八幡宮に対する武士達の崇敬は、徳川氏まで継承されていることがうかがえるわけです。

さて、鶴岡八幡宮の造営作業は、秀吉、家康、秀忠と三代にわたって継続され、江戸幕府第三代将軍家光の時代にようやく完成します。寛永三（一六二四）年のことです。豊臣秀吉の段階で修理を命じた時に作らせた指図《さしず》（設計図）というのが現存しており、その図によれば、上部に本宮が描かれ、階段下の広場を囲繞するように、「くわいろう」（廻廊）が描かれています。完成した家光期の鶴岡八幡宮の全容がどういうものであったかというのはわかりませんが、江戸後期、八代将軍・徳川吉宗の時代にあたる享保《きょうほう》年間の鶴岡八幡宮の絵図は残っています。この絵図を見ると、本宮の下の広場のところには薬師堂とか大塔、鐘楼《しょうろう》、護摩《ごま》堂、輪蔵、愛染《あいぜん》堂のような仏教系の建物が、ちょうど今の舞殿のあった付近に建てられていることがわかります。

明治三年の神仏分離令によって、鶴岡八幡宮寺は神社として位置づけられます。そして廃仏《はいぶつ》毀釈《きしゃく》の結果、僅か数日の間に、これら仏教系の建物は全部撤去され、そして仏教系の宝物もすべて売却散逸しました。

さて、これまで古代から近代まで、鶴岡八幡宮を中心に鎌倉の歴史を駆け足で説明してまいりました。もう一度、これまでの歴史をふり返りますと、鶴岡八幡宮をシンボルとする「武家の都・鎌倉」は、決して鎌倉幕府滅亡時に機能を完全に消失してしまったわけではなく、その後も、織豊政権や江戸時代に至るまで、武士の心のシンボル、精神的な紐帯であり続けたということがおわかりいただけたましたでしょうか。こうした意味で、鎌倉が「武家の都」としての幕を閉じるのは、明治維新であったといえましょう。

最初にお話したように、鎌倉はこれからとても良い季節を迎えます。さまざまな時代の武士の興亡に思いを馳せながら、鎌倉の町を探訪していただけたら幸いでございます。

**著者略歴**

錦　昭江（にしき　あきえ）
鎌倉女学院中学校高等学校校長。主な著書に『刀禰と中世村落』（校倉書房）共編『図説 平清盛』（河出書房新社）

参考文献

「鎌倉市史総説編・社寺編」（鎌倉市）一九五九年
「神奈川県史 資料編1」（神奈川県）一九七〇年
「神奈川県史 通史編1」（神奈川県）一九八一年
『図説　鎌倉歴史散歩』（河出書房新社）一九九三年
『新版　全譯吾妻鏡』（新人物往来社）二〇〇一年復刊
『鶴岡八幡宮寺』貫達人（有隣新書）一九九五年
「鎌倉・鶴岡八幡宮　戸川点他編、『検証・日本史の舞台』所収」錦昭江（東京堂出版）二〇〇一年

# 鎌倉の神秘スポットを歩く

大貫昭彦

## 鎌倉のお土産

鎌倉は、いつ訪ねても興味尽きない町です。歴史はもちろん、文学、宗教、仏像、絵画、建築、祭り、季節の草花、歴史的にもいわれのある古木、巨木。どれをテーマにしても、楽しむことができます。テーマなど立てずとも、海山に恵まれた風景の中、生垣竹垣の続く路地のぶらり散歩、繁華街のショッピングも、十分楽しめます。町の広さは、奈良の都の三分の一、平安京の一割にも満たないというのに…。

平成二十六年までの鎌倉を世界文化遺産にという期待は、先延ばしになりましたが、価値ある町であることに変わりはありません。訪れた人たちにお持ち帰りいただく土産は山ほどあります。

とりわけ争いの多い今の世に、「武家の古都鎌倉」が発信すべきテーマは重要です。ドナルド・キーンさんの言葉を借りるなら、「大人しく、健気で、我慢強く、謙虚、沈着な」日本人の生き方は、今こそ取り上げるべきテーマです。こうした生き方は、中世武士が育てました。鎌倉がその土壌、故郷です。

しかし、彼らの生きた時代を感じさせるものは、見た目にはあまり残っていません。ただ周囲の緑深い丘や大路小路のわずかな起伏、曲折に、また、町に吹く風や漂う匂い、何気ない景色の中に遺風が残っています。鎌倉武士の心根といったものです。

鎌倉武士は、日本の歴史の中で、初めて自力で時代を開いた人たちです。律令制という重石を力まかせに撥ね飛ばした人たちです。ただ、初めは弓矢ばかりがうまい、粗野な人たちでした。政権が安定し、暮しが良くなるに従い、衣食足って礼節を知ったのです。

平成の鎌倉にも、彼らのそうした思いが息づいています。特に寺や社には、一寸の土地に命を掛けたかれらの必死の祈りが累積しています。

神仏は、人の祈りを受けて、その威徳を高めるといいます。中古、中世以来の人々の期待や喜び、恨みや悲しみを秘めた鎌倉の社や寺。それは神秘スポットであり、時に生きる力を与えてくれるパワースポットです。

そんな胸騒ぎを感じながら、社寺めぐりに出かけましょう。

## 扇の要「鶴岡八幡宮」

東国の人々の心を支えてきた鶴岡八幡宮は、第一に挙げるべき神秘スポットです。一〇六三年、頼朝の五代前の頼義によって源氏の守り神として石清水八幡宮が由比郷鶴岡に勧請され、鶴岡若宮（元八幡）と呼ばれて以来、地理的にも鎌倉の要に建ち、門前町鎌倉の一年をゆったりと回しています。

新年は、人波寄せる「初詣」から槌音響く「手斧始式《ちょうなはじめしき》」、張りつめた空気を破る弓矢により魔を退ける除魔神事、春は神輿渡御と静の舞に華やぐ「鎌倉まつり」、夏は茅の輪くぐりが行われる「大祓式《おおはらえしき》」と「ぼんぼり祭」、秋は勇壮な流鏑馬神事が見られる「例大祭」、冬はかがり火の下、宮廷神楽が奉納される「御鎮座《ごちんざ》記念祭」等々。

八幡信仰は、九州宇佐に始まり、奈良、京都、鎌倉、全国へと広がりました。それにつれて、鉄や農耕などの先進文化が国の隅々に広がりました。外来の仏教をいち早く認め、神仏融和を図った信仰だったからです。奈良大仏や鎌倉大仏の誕生も、八幡神の支えがあったからこそ実現したのです。

進取の気質に富む八幡神は、新時代を開いた武士の心をとらえました。神も、彼らの信仰に応え、度々奇瑞、予兆を現わし、励まし、士気の緩みを戒めました。屋島の合戦では、八幡神が数万の幻となって、無勢の源氏を勝利させました。義経の死が伝えられた折には、境内上空を、黄蝶の群れが帯となって舞い、実朝暗殺事件の前夜には、鳩の死骸を境内に曝したと言われています。

現在、鶴岡八幡宮の拝観時間は、四月から九月は午前五時から午後九時、十月から三月は午前六時から午後九時です。参拝客で賑わう昼の活気は当然ですが、朝夕のしじまの中で手を合わせる人の姿には、特別なエネルギーを感じます。神徳の強さをひしひしと感じる瞬間です。

上宮の脇に鎮座する「武内社」、境内に点在する「白旗神社」、「丸山稲荷社」、源氏池に浮かぶ「旗上社」、境外末社の「今宮」、「由比若宮（元八幡）」も、それぞれに由緒と霊力を感じさせる社です。

白旗神社は武家の棟梁頼朝と歌道の天才実朝を祭っています。丸山稲荷社には鶴岡八幡宮にこの地を譲った地主神が祭られています。社殿は上宮を見据えるように建っています。家主として、借り手の繁栄を見守っているのでしょう。

旗上社は、頼朝の挙兵を支えた力強い弁財天を祭っています。手に武器を握る八臂弁財天《はっぴべんざいてん》が本来の姿ですが、後に雅楽の神へと御利益の幅を広げて、今は琵琶を抱えています。社殿の向拝に琵琶弁財天の姿が彫刻されています。

## 無実を晴らす「荏柄天神社」

梅の香に包まれ、深い森を背にした荏柄天神社《えがらてんじんしゃ》は、華やかさと奥深さを併せ持つ独特の雰囲気を醸し出しています。菅原道真没後二百年目の長治元年（一一〇四）八月、にわかにかき雲った天から天神画像が舞い降りたのが、神社の始まりといわれます。天神降臨の場には、樹齢九〇〇年といわれる銀杏が聳えています。

藤原氏との権力争いに敗れ、九州で没した道真は、怨霊と化して藤原氏に祟り、都に数々の災害を起こしました。怨霊は、やがて神として崇められ、厄除け、学問の神に変じました。この信仰は二百年かけて鎌倉に伝わり、幕府の鬼門を守る神となったのです。

神社のある荏柄の地では、古代激しい戦いがあったようです。近くに「魔の淵」と呼ばれる場所もあります。荏柄には、恨みを鎮める社が必要だったのでしょう。

しかし、実朝の頃になると、天神は和歌三神の一人として信仰されます。渋川兼守という武士は、和田氏の乱の首謀者とされましたが、社に歌十首を奉納したところ、それが実朝の目にとまり、処刑を逃れることができました。また、不義密通の濡れ衣を着せられた落合泰宗も、荏柄社に祈り、身の潔白を晴らしました。

天神信仰は、近年ますます盛んで、一月の筆供養に始まり、二、三月の受験期は、大いに賑わいます。この時期は、受験生の奉納した絵馬が、拝殿の前面を覆うほどです。

## 厄を祓い、心をつなぐ「鎌倉宮」

荏柄天神社の近くにある鎌倉宮は、歴史の新しい社です。明治二年、明治天皇の勅願により創建されました。祭神は後醍醐天皇の第三皇子の大塔宮護良親王《おおとうのみやもりながしんのう》。親王は鎌倉幕府を倒し、天皇政治を復活させた人ですが、足利尊氏と対立し、この地で暗殺されました。社殿の裏には、幽閉された土牢が残っています。

五山の禅僧草場珮川《くさばはいせん》は、親王の無念さを詩に表しました。

王子の窟《くつ》は　腥《なまぐさ》くして　苔は　尚も　碧《あお》く
将軍の営は　廃《すた》れて　柳も　空しく　枯れぬ
滅後に　墳《ふん》を守るの計を　為すに似て
僧刹《そうさつ》は　今《いま》　仍《なほ》　幾区をも　存せり
『日本古典文学大系五山文学集江戸漢詩集89』（岩波書店）

しかし、親王の怨霊は、年月を経て、厄除け、人の絆を結ぶ御霊に昇華し、今は招福平和の神と称えられています。

境内には、かわらけを投げ割る「厄割り石」や護良親王の影武者となった村上義光《むらかみよしてる》像などがあります。義光像は、「身代わり様」と呼ばれて、厄祓いを願う人々がそっと撫でて祈っていきます。神社で授与するお守りも、親王が身に着けていたと伝える獅子頭をかたどったものです。

## 心意気で厄払い「八雲神社」

大町の八雲神社のお守りも、大変珍しいものです。赤色の御幣です。赤には魔を除ける力があるといいます。参道にも、朱に染めた厄除けの幟旗が並んでいます。

神社は、後三年の役の時に創建されたと伝えられています。新羅三郎義光が東北で苦戦している兄の義家を助けようと、京都から駆けつける途中、疫病に苦しむ鎌倉の人々を見て、京都の祇園神社の神を勧請したといわれます。祇園の神には、都会特有の災害、流行病などを退散させる力があるとされます。他にも、昔、都市化して賑わった場所には八雲、八坂といった名前の神社が造られました。

祇園神社は、庶民に親しい神社です。大町の八雲神社も、この町で活動した商人や職人が信仰を寄せました。鶴岡八幡宮は武士、八雲神社は庶民の神社だったのです。二つの社が協力し合って、鎌倉を守ってきたのです。古い資料には、大事な儀式を行う時は、鶴岡八幡宮の御鉾《おんほこ》が先に、八雲神社の鉾がそれに従って補佐したことが記されています。

鶴岡八幡宮とともに鎌倉を守ってきたという自負心は、七月の夏祭りにも表れています。本祭りの神輿の担ぎ手は、鶴岡八幡宮と同じ上下白衣の白丁姿です。四基の神輿は、この日は交通を遮断し、大路一杯、横並びに練り歩きます。庶民の心意気が発揮される祭りです。

## 善悪はお見通し「五所神社」

材木座の五所神社も庶民の信仰を集めた神社です。五所の名は、明治の初め、三島、金毘羅、諏訪、視女《みるめ》、八雲の五社を合わせたからです。一月の潮神楽では、神輿が材木座の浜に繰り出し、海中ざんぶと渡御します。大漁を祈って行なわれるのですが、八雲（祇園）の力で厄を祓い、操業安全を願う祭りでもあるのです。神輿を担ぐ掛け声も、伝統の天王歌です。

五社の中に「視女様」という聞きなれない神がいます。道教の解釈では、閻魔大王の持つ杖の上にのる男神、女神とされます。「人頭杖《じんずじょう》」とか「見目嗅鼻《みるめかぐはな》」といわれます。善悪すべてを見分け、嗅ぎ分ける神です。

材木座は、昔は貿易船で賑わった港町です。材木座や塩座、銅座、油座など、様々な同業組合が競っていました。材木の長さや油の量、重量などをごまかす悪徳は、視女様がお見通しだったのでしょう。

境内には、他に海中から引き揚げたという巨石を神にした「石神様」、武士の神「摩利支天像」があります。石神様はいぼとり石ともいいますが、本来は漁師の守り神でしょう。

摩利支天は矢をつがえ、猪に乗る三面八臂、気力充実した石仏です。戦前は出征兵士が、銃弾に当たらないようにと祈った像です。

## 敵味方の垣根をはらって「葛原岡神社」

源氏山、葛原ガ岡の周辺には葛原岡神社《くずはらおかじんじゃ》や佐助稲荷神社、銭洗弁天宇賀福神社があります。葛原岡神社は、鎌倉倒幕に活躍した日野俊基《ひのとしもと》卿を祭っています。俊基卿は業半ばにして幕府に捕われ、この岡で処刑されたのでした。社殿の傍には、俊基卿の血しぶきを浴びたといわれる石が立っています。

大祭は卿の命日に当たる六月三日ですが、十二月にも神官と僧侶が合同で行なう俊基卿祭があります。敵味方の区別、神道、仏教の垣根を越えた祭りです。

俊基卿は、鎌倉にとっては敵方の人物です。しかし、不遇な死を遂げた怨霊を神として祭れば、御霊になる。また、鎌倉には敵味方の差別をやめて崇める美風が見られます。幕府を倒した新田義貞が建てた九品寺、蒙古襲来の騒ぎで命を落とした敵味方の供養を掲げて開かれた円覚寺、鎌倉に隣接する片瀬にも蒙古の使者を供養する常立寺があります。

## 頼朝を支えた「隠れ里の神々」

葛原ガ岡を南に下った佐助は、隠れ里と呼ばれていました。里の奥に佐助稲荷神社と銭洗弁天宇賀福神社があります。

佐助稲荷神社は千本鳥居と奉納旗の並ぶ参道奥に鎮座しています。境内は冷気に包まれ、石や岩、狐の石仏は苔むし、いかにも秘境の社といった雰囲気です。以前、霊感の鋭い人と訪ねたことがあります。この時、社殿の脇で強い霊を感じると言われ、しきりに手をかざしていました。

佐助の名は、頼朝に由来します。少年時代、頼朝は衛門府の佐《すけ》（次官）の地位にありました。稲荷の神が佐殿を助けて、平家打倒に成功したというわけです。佐助の神は、頼朝に対してだけでなく、鎌倉には好意的で、病気が流行ると里の民に薬草の種子を与え、栽培法を伝授しました。今でも隠れ里では、薬草の一つとされる大根の栽培が行われています。足利尊氏も、兇徒追討をこの神社に祈り、念願叶って、世の中を平穏にすることができました。

佐助稲荷神社は、縄文、弥生の時代からここに暮した先住民の神と考えられます。西から進出した人たちに滅ぼされた生き残りですから、恨みを持っていました。姿は頭に角を持つ蛇身、名は「夜刀神《やとがみ》」。しかし、歳月が恨みを和らげ、やがて鎌倉に好意を持つまでになったのでしょう。

佐助稲荷神社と山一つ隔てた銭洗弁天宇賀福神社も、祭神は異なりますが、姿は蛇身、やはり夜刀神だったと思われます。同根の神で、佐助は軍神、銭洗は人心安定の神の違いがあります。

## 前触れの社「御霊神社」

　坂ノ下にある御霊神社《ごりょうじんじゃ》も歴史ある社です。最初は村岡、鎌倉、大庭、梶原、長尾などの相模地方の五平氏を祭る五霊社でしたが、後三年の役で鎌倉権五郎景政が大活躍したので、英雄景政を祭る御霊神社になりました。

　権五郎景政は敵の安倍宗任と戦い、目を射抜かれながらも凱旋しました。猛者は、神になる資格十分です。権五郎は神になると、ますます源氏のため、鎌倉のために威力を発揮しました。

　頼朝と義経の兄弟が不和になった時には、社殿を揺らし、扉を壊す現象を起こしました。用心せよとの忠告だったのでしょう。和田の乱の時にも、社殿を揺らし、勝利した北条氏を恐れさせました。それ以来、歴代将軍は定期的に参詣するようになりました。御霊神社は、京都の将軍塚のような存在だったのです。

## 関所の社「山ノ内八雲神社」

　北鎌倉の八雲神社も、特別な場所にあります。鎌倉では、幕府付近で不吉な事件が起こると、将軍御所の四方と町境で四角四境祭を行ないました。穢れを祓い、魔の侵入を塞ぐ儀式です。儀式の場所は、東は六浦、南は小坪や田越川、西は稲村ヶ崎や片瀬川、北は山ノ内や栄区の鼬《いたち》川《がわ》で行なわれました。八雲神社は、山ノ内の四境祭の場に開かれたのでした。

このように山ノ内は、人と物の出入りを監視する関所が置かれた町でした。古代から中世は、もののけを特に恐れた時代ですから、姿のない物にも厳しい目を光らせたのです。関所の近くに閻魔堂や陰陽師の安倍晴明が祈りを込めた石を置いたのもそのためです。閻魔堂は、今は円覚寺内に、晴明石は八雲神社に移されています。この石は、そっと触れれば足が丈夫になり、悪意を持って踏めば悪くなると信じられています。

**大ムカデ祭る「白山神社」**

今泉の白山神社《はくさんじんじゃ》は、夷狄《いてき》が侵入する恐れのある北方にあります。そこで頼朝は、京都の鞍馬寺から毘沙門天をいただき、毘沙門堂を開きました。名は白山神社に変わりましたが、社殿には今も数体の毘沙門天立像が秘蔵されています。神社に仏像とは妙ですが、神仏分離後も、村の人たちが仏像を守ったのです。

神社の注連縄も変わっています。縄に、一組十五本（七本、五本、三本）の短い縄が十二組、計百八十本、ぶら下がっています。ムカデを表わしているのです。ムカデは毘沙門天の使いです。恐ろしい毒虫ですが、農業では稲の虫を退治する益虫です。鉱山でも、職人の守り神として大事にされます。

白山神社は、江戸時代までは毘沙門天が主尊でした。神社になってからは、争いを鎮め、人の絆を結ぶ菊理姫之命《くくりひめのみこと》が主尊です。この女神は、加賀白山に鎮座する鉱山の神でもあります。

昔、今泉にも製鉄に関わる人たちが住んでいたようです。

　白山神社の神は姿を変え、名を変え、今も今泉を、また鎌倉を守っているのです。

## 御利益別神社二十選

　神仏の力を一つに絞るなど、無礼なことなのですが、広く知られた御利益を中心に据えて、宮参りをしてみましょう。訪ねる先は、善男善女で賑わう観光スポットなども含みますが、村の鎮守、辻の社めぐりも大事にしました。

### ＊安産、子育て、子孫繁栄

熊野神社（浄明寺）　十二所神社（十二所）
甘縄神明社（長谷）　子守神社（笛田）
塩釜神社（岡本）

熊野神社の祭神は国生み神話に登場するイザナギ、イザナミノミコト、子授けの神です。他にアメノウズメノミコトも祭られていますから、音楽の社でもあります。

十二所神社も、天神七柱、地神五柱を祭る熊野の社です。また十二所は林業の村だったので山の神も祭っています。しかも十二人の子に恵まれた女神とされてきました。熊野の王子社と一緒になった信仰かと思われます。少子化問題で困っている現在、是非力を貸して欲しい社です。

甘縄神明社は源頼義が、ここに祈って、八幡太郎義家に恵まれたといわれます。以来、鎌倉の支配者となった者は、まず参詣しました。境内には、北条時宗産湯の井戸もあります。甘縄神明社は、鎌倉の伊勢神宮とも目され、西境に位置します。国家安泰を祈り、鎌倉の西方を守護する社とされてきました。

子守神社は、名前の通り安産祈願の社です。昔は蔵王権現と呼ばれていたそうです。山岳信仰の神社だったのでしょう。バス停火の見下から西に入った住宅地の奥にあります。

塩釜神社は宮城県塩釜から勧請された製塩、安産の社です。お産の時、神社の使い残りのロウソクをもらって帰ると、燃え切らない内に安産が叶ったといいます。大船観音下の柏尾川の両岸が戸部宿として賑わった頃、東北から勧請された社です。

### ＊厄除け、疫病退散

青梅聖天（雪ノ下）　八坂大神（扇ガ谷）
熊野新宮（極楽寺）　熊野神社（大船）
鎌倉山神社（鎌倉山）　小動神社（腰越）

青梅聖天は、病気で苦しむ実朝を救った社として知られています。社の梅が、時ならぬ実をつけ、救ったというわけです。境内には今も、梅の木が豊かです。

八坂大神《やさかだいじん》は、都市の病、特に流行病退散に威力のある祇園神社をいただいた社です。神輿は京都と同じ六角形。八坂の神輿は鉄神輿…といって他の社の神輿が争うのを避けたそうです。

極楽寺地区の鎮守の熊野新宮は、地区内の祇園神社を合わせたので、災害や疫病を祓う力が期待されます。大船の熊野神社には、本殿と並んで金刀比羅社があります。流罪先の四国で亡くなった崇徳天皇を祭っています。怨霊鎮めの社でもあります。

鎌倉山神社は、山暮しの人たちの林業、農業の守り神でしたが、災難を祓う摩利支天も祭っています。小動神社《こゆるぎじんじゃ》は、腰越が宿場町だった古代からの社です。疫病退散、国土開発、五穀豊穣を祈る神さまだったのでしょう。

**＊鎮火、防火**

巽神社《たつみじんじゃ》（扇ガ谷）　秋葉大権現（材木座）

巽神社は、壽福寺の巽（東南）の方角に位置する鎮守です。祭神はかまどの神、火の神で、火伏せ、不浄を清める力を発揮します。

光明寺の裏山にある秋葉大権現は、静岡からおよそ三百年前に勧請した防火の神です。毎年五月半ばに光明寺で祭礼を行ないます。秋葉神社の神は、長谷の甘縄神明社や坂ノ下の御霊神社にも祭られています。

**＊交通安全**

厳島神社《いつくしまじんじゃ》（小袋谷）

厳島神社は小袋谷の鎮守。弁天社、八幡社、吾妻社の三社を合わせています。吾妻社の祭神はヤマトタケルに従って東征したタチバナヒメノミコト。横須賀の走水から安房に渡る途中、この女神の入水によって荒海は静まり、東征は成し遂げられたのです。

第二次世界大戦中、神社には夫が徴兵されぬよう祈る女性の姿が見られたそうです。タチバナヒメノミコトなら女心を分かってくれるに違いない。切なるお参りだったのでしょう。

また、海難事故防止は、坂ノ下の御霊神社の石上神社の神、極楽寺坂下の虚空地蔵堂前の船乗り地蔵などです。

**＊商売繁盛**

蛭子神社（小町）　銭洗弁天宇賀福神社（佐助）

蛭子神社《ひるこじんじゃ》は、商売繁盛の恵比寿神を祭っています。明治の神仏分離の時、本覚寺の夷神を分けたといわれます。恵比寿講は、昔は坂ノ下や浄明寺、大町などで二十日夷として行なわれていました。

銭洗弁天宇賀福神社は、商売繁盛の社として今や人気の的です。殊に毎月の巳の日の賑わいは、交通規制されるほどです。この神も、佐助稲荷と同じように頼朝や北条時頼を支えたと言われます。こちらは武力より、民心の安泰に手を差し伸べました。

**＊学業向上**

北野神社（山崎）　天満宮（上町屋）

北野神社も上町屋の天満宮も、菅原道真を祭っています。どちらも新田義貞と北条氏が戦った洲崎の古戦場の中にあります。怨霊鎮魂の社でもあったのでしょう。

**＊出世、勝運**

白旗神社（西御門）　諏訪神社（御成町）

白旗神社は頼朝の法華堂の跡に再建された社です。法華堂は長く鶴岡八幡宮が守ってきましたが、神仏分離で廃止され、明治五年に改めて再建されました。社殿の背後にある頼朝の墓詣で共に、出世、勝運を祈る人が手を合わせていきます。

諏訪神社は、諏訪氏の屋敷神だったと思われます。諏訪氏は、頼朝に敵対したため囚われました。しかし、鶴岡八幡宮で行なわれた流鏑馬の時、諏訪盛重が腕を見込まれて射手を命じられました。わざわざ性質の悪い馬を与えられ、的も小さなものでしたが、見事成功。御家人に取り立てられました。まさに出世、開運の社です。

## 神秘スポット寺院十選

鎌倉には歴史ある寺が数多く存在します。それぞれの寺が成り立つ縁起などを見ると、中に人智及ばぬ話が数多くあります。それらを眺めてみましょう。

### 称名寺

浄土宗の寺ですが、今泉不動とも呼ばれます。縁起には、弘法大師が訪れた折、数千年、この山に住む不動と弁天が現れ、大本山にするよう勧めたとあります。本堂を中心に不動堂と弁天堂が建ち、水音高い瀧も流れる寺は、仙人でも現れるような霊山そのものです。

### 常楽寺

常楽寺にも、不思議な話が伝わります。建長寺が開かれる前、蘭渓道隆禅師がここに住んでいた時のことです。禅師の給仕に乙護童子《おとご》という若者がいました。

江ノ島弁財天が、童子をからかって美女に変身させました。すぐに評判が立ちました。立派な禅僧たるものが、美女を従わせているとは…と。噂を耳にした童子は憤慨し、身の潔白を晴らすため龍神に変じ、公孫樹の木を七巻き半してなお余り、その尾で池の水を叩いて見せました。

荒唐無稽な話ですが、江ノ島弁財天が、鎌倉に広く信仰されていたことを示しているのです。今も境内には、公孫樹の古木と池が残っています。

**円覚寺**

円覚寺にも不思議な伝説が伝わります。寺を開く時、鶴岡八幡宮の神が白鷺に化して、この地に導いたとか、開堂式の日、白鹿が現れて祝福したとかいう話です。寺の名も、境内から大乗法典の「円覚経」が入った箱が出土したことに由来します。杉林に包まれた境内は、不思議な話を信じさせるにふさわしい霊気を湛えています。

**東慶寺**

東慶寺は、縁切寺、駈込み寺と呼ばれる特異な寺でした。中世から明治まで、多くの女性が不当な夫から逃れ、救われました。しかし、涙なしには語れない話に満ちています。

縁切寺法を江戸幕府に公認させた開山の覚山尼初め、伝統を守り続けた歴代尼僧は、境内奥に眠っています。中でも第二十世の天秀尼は、下臣の妻子を追って、寺に乱入しようとした四十万石の会津の大名、加藤明成を改易させた人として知られています。傑出した尼僧の墓前は、今も身の引き締まる聖地です。

**浄智寺**

人と人との争いは世の習いですが、武士の時代は、とりわけ激しかったに違いありません。

権力の前では、骨肉の情も無力でした。北条時宗も執権の座を兄の時輔と争いました。それだけに同母弟である宗政との兄弟愛は強いものでした。しかし、弟は蒙古襲来の騒動の中、急逝します。亡骸は荼毘に付され、そこに浄智寺が開かれました。宗政が火葬された場は不明ですが、本堂の裏手、高野槙の巨木の立つ辺りには、神秘な気配が感じられてなりません。

**建長寺**

建長寺は、鶴岡八幡宮とは山一つ隔てた谷、地獄谷にあります。地獄谷は刑場を意味します。本尊も地蔵菩薩、胎内にも、刑場に消えた命を導く地蔵が入っています。こうした場には、神秘な現象が起きるものです。中から二つ選んでみましょう。

七月十五日早朝、山門の下で施餓鬼会《せがきえ》が行なわれます。一時間ほどの法要の後、短い法要が続いて行なわれます。梶原施餓鬼です。昔、施餓鬼会に遅れた梶原景時の霊が、落胆して帰るのを見た開山が、呼び戻して行なった法要です。

開山の蘭渓道隆禅師が亡くなった時にも、不思議なことが起こりました。境内で、禅師を荼毘に付したところ、煙が近くの柏槇の木に懸り、枝や葉が宝石を散りばめたように輝いたのです。修行を尽くした名僧は、骨まで輝くという教えからくる話です。

**宝戒寺**

宝戒寺は、執権屋敷の跡に建っています。幕府滅亡の前日、北条一族は屋敷を焼き、裏の東勝寺に籠って自害しました。本堂には、本尊の地蔵菩薩以下、梵天、帝釈天、閻魔十王、歓喜天、北条高時像など、一族の霊をあの世に導く仏たちが並んでいます。いつ訪ねても、手を合わせずにはいられない寺です。一族が滅んだ五月二十二日には、盛大な法要が行なわれます。

**妙本寺**

妙本寺も悲劇の地に建っています。比企一族の屋敷跡です。彼らも北条氏と覇権を争い、棟梁の比企能員は謀殺、屋敷は焼き打ちに遭い、滅亡したのでした。それから半世紀、能員の娘は怨霊と化して、北条氏に祟りました。霊は、日蓮上人によって鎮められたと伝えられますが、一族の墓や怨霊が蛇となって潜んだという蛇形井《じゃぎょうい》は、今も残っています。

**覚園寺**

承久元年（一二一九）一月、将軍実朝の暗殺事件が起きました。実朝の警護役だった北条義時も、討たれる運命にありましたが、薬師堂に祀る戌神《いぬがみ》のお告げによって救われました。事件の直前、義時の行く手を犬が横切って知らせたのです。その後、薬師堂は覚園寺と改められましたが、北条氏の命の恩人として戌神は、薬師如来を囲む十二神将とともに、大切に守られています。

**極楽寺**

極楽寺は、真言律宗の僧侶忍性上人によって開かれました。律宗は、戒律を重んじる宗派で、学問と修行と民衆救済にも努めました。忍性上人も医学や土木、建築の技術を民衆に教え、育成した人材を使って道路や橋、港など、鎌倉のインフラ整備を進めました。

寺は極楽寺切通の入口にあったため、度々兵火に遭い、盛時の姿を失いましたが、当初から受け継いだ製薬鉢や石臼、釈迦如来像や十大弟子像などは、今なお守られています。

## ご利益あふれる仏十選

パワー溢れる仏さまは、高徳院の大仏が第一です。七百五十年余、地震にも津波にも負けず、大地に座り続けているのです。像高十一・三一二メートル、重量百二十一トン、鎌倉の重石、要石といった存在です。やや猫背で、手を合せる人々に、優しいまなざしを送っています。

長谷大仏を別格にして、その他のパワーあるみほとけ十選を選んでみましょう。

まずは円応寺の**閻魔王**。人食い閻魔、子育て閻魔の名で親しまれています。

妙隆寺には、時の権力者と対決して、焼き鍋を頭に被せられても節を曲げなかったという**日親上人像**があります。昔は、やけどの神様として護符をもらいに駆け込んだ寺です。

海蔵寺には、仏の面を胎内に納めた**児護薬師**《こもりやくし》があり、啼薬師《なきやくし》とも呼ばれています。寺の縁起にも、裏山で夜な夜な赤子の泣き声がするので、供養し、地面を掘ると、仏面が現れたとあります。古くから子育ての薬師とされ、信仰されてきました。

大巧寺は、**おんめさま**の名で親しまれています。安産を願う人が参り、腹帯や札を受けていきます。本尊は、難産で死んだ武士の妻の霊で、五代目の住職日棟上人が、成仏させ、安産の神にした**産女霊神**《うぶめれいじん》です。毎年、四月八日に霊神の宝塔が開帳されます。

本覚寺には、眼病救済と商売繁盛を願う人が訪れます。目の仏様は二代目の日朝上人《にっちょうしょうにん》。学者でもあった上人は、目を傷めましたが、経を読んで、自力で治したことで知られます。

商売繁盛の**夷尊神**を祀る本覚寺は一月の初えびす、十日えびすで賑わいます。しかし福の神に似ず、岩に座り、眼光鋭く、前方を睨む鬼気迫る姿です。

延命寺は**裸地蔵**を祀ることで知られています。北条時頼夫妻が、着る物を賭けて双六をして、夫人が負けて、裸同然になった時、日頃信仰していた地蔵が現れ、身代りになった像といわれます。名の通り裸体の像ですが、今は、立派な緋の衣を着ています。

頼朝夫妻も度々参詣した杉本寺の**十一面観音**は、火災に遭っても自力で避難したという力のある仏です。また、信仰心のない武士が馬に乗ったまま、寺の前を横切ると、落馬させたともいいます。坂東の観音霊場の一番札所で、今もお遍路が絶えません。

毎月二十八日は不動縁日。**不動明王**を中心にした五大明王を祀る明王院不動堂は、参詣の人で溢れます。堂内では護摩の火が燃え上がり、祈祷の声が渦巻きます。開基は鎌倉四代将軍の藤原頼経。住職は鶴岡八幡宮寺、永福寺、勝長寿院と並ぶ四箇重職の地位にある名僧が務めました。蒙古襲来の折には、三ツ寺と共に、幕府から異国降伏の祈祷を命じられました。

光触寺の本尊は、**頬焼《ほほやけ》阿弥陀《あみだ》**と呼ばれています。熱心な念仏信者が、主人から折檻され、焼き印を顔に当てられた時、代わって頬を焼いた阿弥陀像です。運慶作という伝えに恥じない、逞しく、頼り甲斐のある像です。

長谷寺の巨大な**十一面観音**は、ちょっと変わっています。観音は、一般には手に蓮の花を持っていますが、この像は、杖も持っています。蓮華は観音、杖は地蔵の印です。長谷式とよばれる観音は、現世利益を下さる観音であり、来世を導く地蔵でもあるのです。奈良の長谷寺の本尊は、貧乏な男をわらしべ長者にしてくれました。鎌倉の長谷観音も極楽往生と現世利益をかなえる仏様として人々の声に耳を傾けてきたのです。

## その他の神秘スポット

うっかりすると、見落としてしまいそうなスポットも並べてみます。

①辻々にある稲荷社、屋敷の中の稲荷社十選

志一稲荷（雪ノ下）・大倉稲荷（雪ノ下）・焼刃《やいば》稲荷（扇ガ谷）・瘡守《かさもり》稲荷（上行寺内）・音松稲荷（材木座）・繁栄稲荷（光明寺内）・鎌足《かまたり》稲荷（浄妙寺内）・大江稲荷（十二所）・高砂《たかすな》稲荷（由比ガ浜）・牡蠣殻《かきがら》稲荷（長谷寺内）

②地蔵尊十選

網引地蔵（浄光明寺内）・岩船地蔵（扇ガ谷）・日限地蔵（安養院内）・花咲地蔵（大町）・どこもく地蔵（瑞泉寺内）・塩嘗《しおなめ》地蔵（光触寺内）・貝吹地蔵（十二所）・身代わり地蔵（極楽寺内）・導《みちびき》地蔵（極楽寺門前）・月影地蔵（極楽寺西ヶ谷）

③塚・やぐら十選

木曽塚（常楽寺内）・腹切やぐら（雪ノ下）・六地蔵（笹目）・人丸塚（安養院内）・むじな塚（瑞泉寺内）・六郎塚（由比ガ浜）・和田塚（由比ガ浜）・盛久首座《もりひさくびのざ》（長谷）・源太塚（仏行寺内）・十一人塚（稲村ガ崎）。

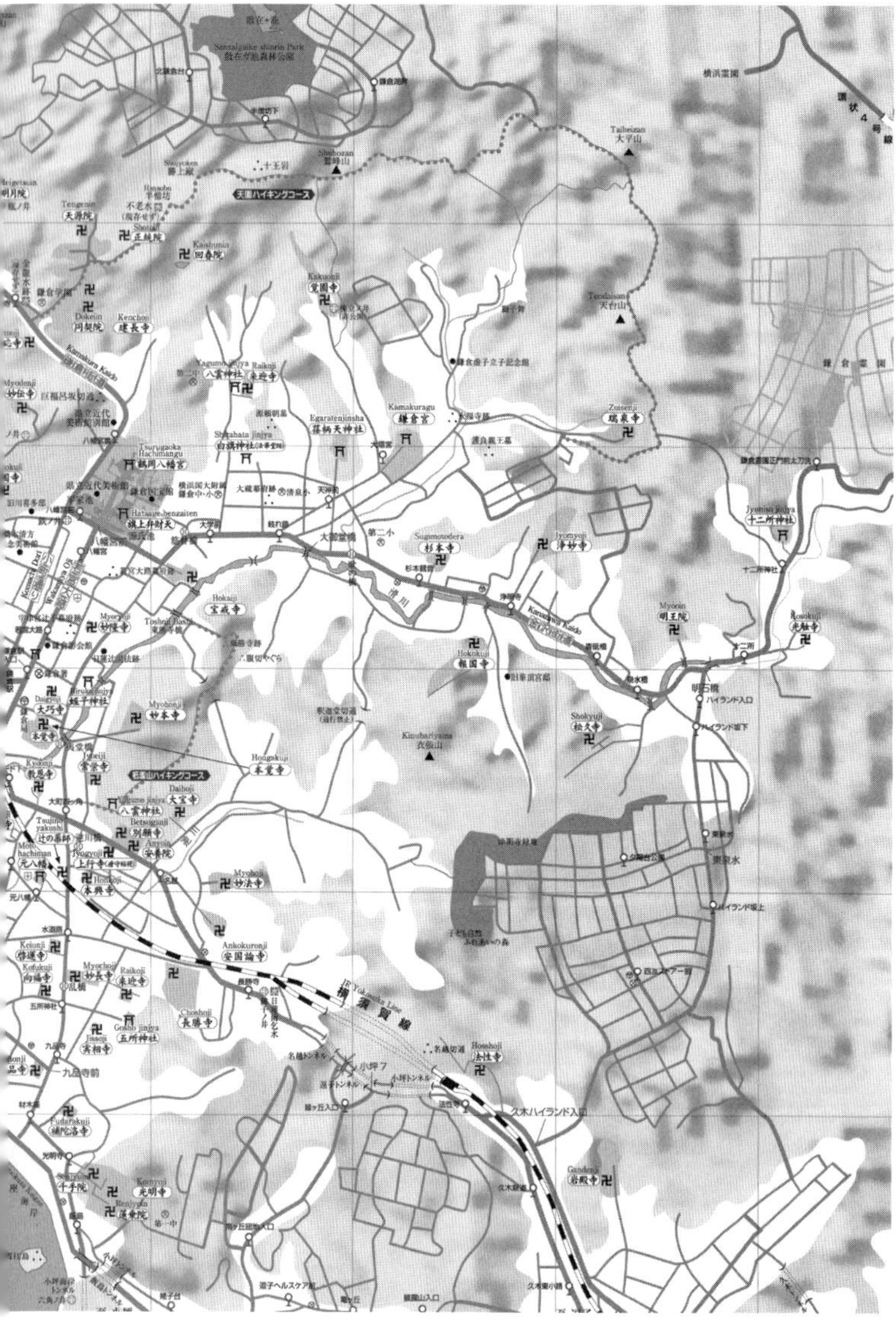

散在ヶ池
Sanzaigaike shinrin Park
散在ヶ池森林公園
横浜霊園
環状4号線
Shohozan
鷲峰山
十王岩
天園ハイキングコース
Taiheizan
大平山
Tengenin
天源院
Shotoin
正統院
Kaishunin
回春院
Kakuonji
覚園寺
Tendaisan
天台山
Dokeiin
同契院
Kenchoji
建長寺
Kamakura Kaido
鎌倉霞園
Yagumo Jinjya
八雲神社
Raikoji
来迎寺
Myodenji
妙伝寺
巨福呂坂切通
Kamakuragu
鎌倉宮
Egaratenjinsha
荏柄天神社
Zuisenji
瑞泉寺
護良親王墓
Shirahata Jinjya
白旗神社
Tsurugaoka
Hachimangu
鶴岡八幡宮
大蔵幕府跡
Hataage.benzaiten
旗上弁財天
Jyunisho Jinjya
十二所神社
Sugimotodera
杉本寺
Jyomyoji
浄妙寺
杉本観音
浄明寺
Kanazawa Kaido
Hokaiji
宝戒寺
Toshoji Bashi
東勝寺橋
腹切やぐら
Myoryuji
妙隆寺
滑川
Hokokuji
報国寺
Myooin
明王院
Kosokuji
光触寺
明石橋
ハイランド入口
ハイランド坂下
Shokyuji
稲久寺
Kinubariyama
衣張山
Hongakuji
本覚寺
Myohonji
妙本寺
Daigyoji
大巧寺
Jyoeiji
常栄寺
Kyoonji
教恩寺
Daihoji
大宝寺
Yagumo Jinjya
八雲神社
Betsuganji
別願寺
Anyoin
安養院
Tsujino yakushi
辻の薬師
Jyogyoji
上行寺
Moto hachiman
元八幡
Honkoji
本興寺
Myohoji
妙法寺
東泉水
ハイランド坂上
元八幡
水道路
Keiunji
啓運寺
Kofukuji
向福寺
Myochoji
妙長寺
Raikoji
来迎寺
Ankokuronji
安国論寺
長勝寺
JR Yokosuka Line
横須賀線
Choshoji
長勝寺
五所神社
Gosho Jinjya
五所神社
Jissoji
実相寺
九品寺
九品寺前
名越トンネル
小坪7
小坪トンネル
逗子トンネル
名越切通
Hosshoji
法性寺
久木ハイランド入口
Fudarakuji
補陀落寺
光明寺
Senjyuin
千手院
Komyoji
光明寺
Renjyoin
蓮乗院
第一中
Gandenji
岩殿寺
久木新道
逗子ヘルスケア前
久木東小前

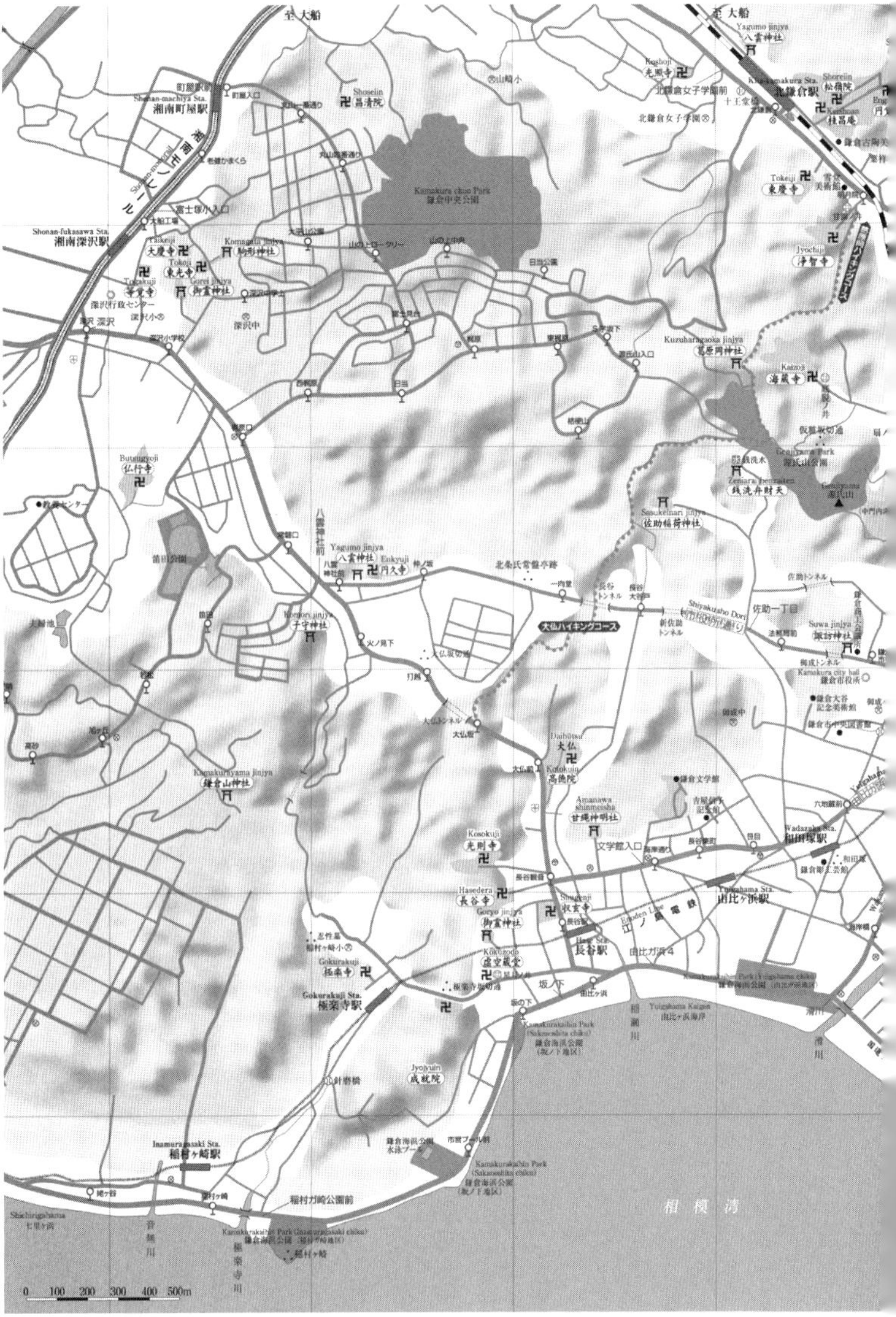


鎌倉マップ　全図　2011 年度版（写真提供／(公社)鎌倉市観光協会）

**著者略歴**

大貫昭彦（おおぬき　あきひこ）
ＮＰＯ鎌倉を愛する会代表、鎌倉考古学研究所理事、各種カルチャースクール講師。
主な著書に『鎌倉・歴史とふしぎを歩く』（実業之日本社）『鎌倉・路地小路かくれ道』（実業之日本社）

参考文献

『吾妻鏡』国書刊行会編（名著刊行会）
『今昔物語集　日本古典文学大系』（岩波書店）
『柳田國男全集１４』（ちくま書房）
『鎌倉の民俗』大藤ゆき（かまくら春秋社）

# 日本の礎を築いた鎌倉、そして禅

高井正俊

## 坐禅をする

御存知のように、鎌倉には五山第一位の建長寺と五山第二位の円覚寺という二つの禅の巨刹があります。

わたしは禅宗の坊さんですので、まず最初に、みなさんに坐禅についてお話ししようと思います。坐禅というのは、さかのぼると、インドのヨーガという行から来て、それが中国に伝わって、達磨さんの禅になる。達磨さんの禅というのが、中国の大地にぴったり合うのです。そして、それが日本に導入されてきます。この禅を日本人が永年かかって世界に通用するものにしたのです。

坐禅というのは、自分の心と体を自分で最大限いい状態にしていくということです。ということは、心というのは肉体についているわけですから、姿勢をよくすることによって、心も必ずそれにくっついてよくなってくるのです。ですから、建長寺でも坐禅会では、とにかく最初は、何がどうでもいいから姿勢をよくしようと言います。ちょっと一緒にやってみてください。まずやってみないとだめです。やはり何かやってみると、自分の中にあるものに目覚めるのです、気がつくのです。そのようなことがありますから、やってみましょう。

椅子に坐っていても結構です。腰を伸ばします。腰の骨を伸ばすのです。そうすると、自然に背中がすっと伸びていきます。胸を張って、手はだらっとしていると落ち着かないから、自分のひざのうえおなかの下あたりで自然ににぎってみます。背骨を一生懸命伸ばしていきます。そのような形だけで素晴らしくきれいです。

なぜ姿勢をよくするかというと、人間の体というのは、骨格があって、それにいろいろ臓器がついています。そして、人間の体の中には、血液やいろいろなものが流れています。いい姿勢を作るということは、そういった体の中の流れをよくするということです。そうすると、心というのは微妙に反応していくのだとわたしは思っています。ですから、まず腰を伸ばして、背中をグーッと伸ばします。目はずっと前を見ていると、いろいろなものが目に入ってくるから、目線だけ下へ落とします。

それから、重心は自分の腰かおなか、下っ腹に置きます。立っているときなどは、自分の両足に置くのです。しっかりと地面をとらえて、すっと立つのです。なぜ重心をそこに置くかというと、わたしたちも、みなさんの場合もいつも頭でものを考えているでしょう。考えているということは、頭の中がいつもいっぱいということです。頭に重心が上ってしまって熱くなっているのです。体というのは、頭だけが体ではありません。だから、重心を下げることによって、頭を楽にしてあげ、体全体を意識するということです。

今度は呼吸です。わたしたちが生きていく最小の単位というのは、息をできること、呼吸をしていることです。この呼吸を丁寧にしてあげるのです。吐く息を長く、吸う息を短くします。短くというのは、普通でいいということです。自然に鼻から息を吸って、横隔膜を下げて、意識をおなかの下にもってゆき、そこにぐっと空気や力を入れます。入れ終わったら、今度はおなかを引っ込めて、鼻からゆっくり息を抜いていきます。この繰り返しです。腰を伸ばして、呼吸に集中していくのです。

そうした雰囲気を自分で味わってみるのです。よく頭の中を空っぽにしろなどと言いますけれども、そのようなことは余計なことで、重心を下げて、おなかや腰に置いて、いい呼吸をしていると、それだけで何か体がすっとするようになるはずです。あとは訓練ですから、自分でやればいいいですね。

正式には「結跏趺坐《けっかふざ》」といって、「あぐら」ではなくて、ももの上に両足を上げて、上半身は今言った状態にして、座っているのです。それは、最初に言ったように、自分の身体性のようなもの、肉体的なものを姿勢と呼吸で自分でコントロールしていくということです。そのようにしておいて、あとはそれを日常の行動の中に使っていくということなのです。難しく思われますが、訓練すると、わりと簡単にそのようなことができるようになります。

やはりポイントは重心です。重心を頭に置いておくと、いつもいろいろなことを考えてしまいますから、頭は頭で置いておいて、重心を腰に置いたり、背筋に置いたり、意識していろいろなことをやっていきます。坐禅の一番のポイントをお伝えしました。

## 頼朝が鎌倉に都を作る

さて、次に、日本という国と禅の関わりあいを話します。鎌倉と禅の関係を、ちょっとみなさんにＰＲします。鎌倉と言ってみなさんがパッと思い出すのは、いろいろでしょうけれども、源頼朝という人を思い出した人もいると思います。鎌倉と言うと、武士です。源頼朝は京都で生まれましたけれども、京都から離れて、鎌倉に都を作りました。それは、多分鎌倉を関東武士団の中心地にしたいということもあったでしょうけれども、もう一つは、伝統的な今までの勢力の影響力から離れようという意図があったのではないでしょうか。平安時代からずっと培われてきたいわゆる貴族感覚というようなものから離れて、自分たちで新しいものを作り出そうという機運があったのだと思います。そして、その新しい考えのもとに都を鎌倉に作りました。

それを支えてくれたのが関東の武士団です。あの当時、京の都から見ると、箱根の関を越えたら、もう野蛮人が住むようなところだったのです。もう至るところに未開の地があります。武士というのは、そのようなところを開拓して、京都の貴族やお寺に名目上寄付のようなことをし、そこを管理することで生きていたのです。そして、時々都に行って、いろいろな警護をやったり、武力を提供したりしていたわけですけれども、あるときに、どうもそれはおかしいぞということに気がつきだしてしまったのです。頼朝が都を鎌倉にしたということは、多分そのような事情があったはずです。

その後、源頼朝の奥さんの政子の家系につながる北条氏が、覇権を握っていきます。第五代執権に北条時頼という人がいます。北条時頼のころに、まだ京都は京都ですごい権力を握っているのですけれども、東国を中心にして、別の政権が、でき上がっていきます。北条時頼が何をしたかというと、この東国の地に新しい武士の文化を取り入れようと考えたのです。新しい文化というのは、あの当時は仏教しかありませんでした。

## 鎌倉に禅文化が入る━蘭渓道隆の来日

日本の国の仏教の源というのは、比叡山なのです。比叡山は、例えはあまりよくないけれども、東京帝国大学のようなもので、みんなあそこへ行って、学問をして、修行をして、国家公務員として日本全国に配置されていったのです。当時の比叡山の支配力というのはすごい。日本の宗教を全部握っていたのが、比叡山です。それで、北条時頼がどうしたかというと、そういった京都の影響を受けていない文化を鎌倉に作り出していこうと思ったわけです。それが禅です。

学校の教科書では、その前に栄西さんなどが出てきて、禅を開いたとありますけれども、栄西さんは先駆者であって、本当に思想を変えていく人ではありません。栄西さんが作ったのは、京都の建仁寺というお寺ですけれども、そのお寺は、比叡山の天台の勉強を主にして、禅をほんの少し付け足しただけです。

時頼の時代には、もちろん日蓮宗の日蓮さんも登場してくるし、親鸞も登場してきます。そういった新しい僧侶たちがみんな手を挙げて、「おれはここにいるぞ」ということを主張し始めました。そのような状況の中で北条時頼のやったことは、当時の中国から禅というものを受け入れたことです。

蒙古（元）が大変な勢いで北のほうから南下してきて、宋の国を滅ぼしましたけれども、それでも、南宋の国というのは、当時は世界第一級の文化国家でした。そこにいた人たちが、このまま中国にいると危ないと予感して、日本に一部の人が亡命してくるのです。そのような中で、自分の意志で中国から日本に渡ってきたお坊さんがいました。これが建長寺を開いた蘭渓《らんけい》道隆《どうりゅう》という中国人のお坊さんです。

蘭渓道隆は、日本にまだ禅というものが伝わっていないということを聞いて、それでは中国の寺で行われ、完成している本格的な禅を伝えなければいけないという信念のもとに、日本に入ってきます。そういえば鑑真和上も同じでしたね。そして、北条時頼には禅というものを自分自身で行ずると共に鎌倉武士の大切な生き方のバックボーンにしようという意図があったと思います

開山　蘭渓道隆坐像　建長寺蔵

蘭渓道隆が日本に来て教えてくれた大切なことは鎌倉の建長寺や京都の建仁寺のお寺の中で手とり足とり坐禅のやり方や効用を説き、実行したということです。そして、朝起きてから、夜寝るまで、一日の生活をどうしていくかをきびしい修行規則を作って実行させたことです。

今まで日本の坊さんは坐禅も知ら

ないし、顔を洗うことも食事の仕方もおそらく教えてもらっていなかったと思います。蘭渓道隆によってはじめて、お寺の中で、日々どのような心がけで、何をしていくのかが教えられました。これが一番重要なことだったのかもしれません。

日本の禅はこの建長寺を源にして京都や東北、日本全国に伝播していきます。

## 禅の思想とは何か――「一所懸命」と「一日不作、一日不食」

禅と鎌倉武士の考え方というのは、実はよく似ているのです。鎌倉武士というのは、さっき言ったように未開の大地を開墾して、そこを自分で管理していくのです。それが「一所懸命」や「御恩と奉公」という言葉に表れています。みなさんは「一所懸命」という言葉をご存じですか。「一所懸命」とは、一つの所に命を懸ける、土地を守っていくという意味です。これが鎌倉武士の生き方です。

禅宗の生き方というのは、「一日不作、一日不食」（一日なさざれば一日食らわず）の言葉がある通り、自分の持っている体の力や心の力などを、どのように発揮していくかということなのです。何となくふたつの言葉は似ているでしょう。これが、多分、鎌倉の武士たちが禅を受け入れた一つの大きな動機ではないかと思います。

それで、鎌倉幕府は、精神的には禅を受け入れますけれども、もう一つ、律宗という戒律を重んじる宗派も取り入れています。戒律というのは、お坊さんとしてのルールを守ってきちんと生活していくということです。その信頼性のもとにその方々は、極楽寺を作って、浄財を集めて、社会救済事業をしていくのです。ですから、鎌倉幕府というのは、生きている人間を対象にして、いろいろなことをやったことがわかります。

もう一つ忘れてはいけないことは、禅の精神性とは一体何なのかということです。そこでぜひみなさんにお伝えしなければいけない人物が、道元禅師です。この人は日本人です。日本のお坊さんたちが中国に行って、禅をどのように体得してきたかということは、とても興味深いところです。道元禅師は曹洞宗の開祖です。建長寺の初代住職になることをすすめられたのですが、越前の永平寺の開山となりました。道元禅師は京都の建仁寺の開山である栄西禅師のお弟子さんについて禅の勉強を始めていました。そして、中国に渡ります。そこで体験したことが、実はみなさんの今の日常の生活にもずいぶん影響を与えています。

日本人のお坊さんが中国に行ってどのようなことを体得して帰ってきたかということについて、道元自身が書いた本があります。『典座教訓』という書物です。「典座《てんぞ》」というのは食事係の和尚のことですけれども、その本の中で、いろいろ体験したことを本当に正直に書いています。禅というのは何なのかということに、道元禅師がパッと気づくところがあります。

## 道元禅師と典座の対話

道元禅師が、寧波の天童景徳寺で修行していた時のことです。あるとき、典座が本堂の前で茸《しいたけ》を干しているのに出合います。暑いのに、頭には笠もつけずに、夏の暑い日ざしの中で、茸を干す仕事をしていました。一生懸命に茸をひっくり返して、乾燥させていました。道元さんから見ると、すごくつらそうに見えたのです。当時では相当な年の六十八歳という年寄りがそのような仕事をしているわけですから。

道元禅師は、どうして手伝いの人や人足を使わないのか、とその老和尚に質問しました。そうしましたら、その年を取った老典座和尚は、「他はこれ吾にあらず」と答えました。つまり、「これはわたしがやらなければいけない仕事です」と言ったのです。ほかの人に任せてはおけないということです。この辺の感覚をみなさんに伝えたいです。そのようなときに、この年を取った典座和尚は自分で一生懸命それをやっていたのです。

また道元禅師が聞きました。「あなたのなさっている仕事は大変つらそうです。なぜこんな暑い日にこんな仕事をしなくてはいけないのですか」と。そうしたら、「さらにいずれの時を待たん」と答えました。さっきも言ったように、しいたけを干すには暑い日でなくてはいけません。だから、今やらなければいけないのです。その年を取った典座和尚の答えは、今やらなければ一体いつやるのだといっているのです。

ここで何を言いたいかというと、「他はこれ吾にあらず」という意味です。自分がやらなければいけないことは自分でやらないと、自分の手ごたえがなくなってしまうわけです。それが仕事の醍醐味なのか、生きがいなのか、よく分からないけれども、まさに自分の仕事を自ら進んで行うことが素晴らしいという考え方です。それから、「さらにいずれの時を待たん」は、今、やらなければならないことは、今やれということです。

## 禅の本当の教え

もう一つ紹介します。道元禅師が、慶元で上陸待ちをしている船中のことです。日本のしいたけを買い求めにきた六十一歳の典座和尚に「長いこと、台所の仕事を一生懸命やっておられますけれども、そんな雑用のような仕事をなぜ続けているのですか」と質問しました。その典座和尚は答えます。「外国の好人、未だ弁道を了得せず、未だ文字を知得せざること在り」と。道元禅師は、学問や知識を増すことが修行だと思っていたからです。

ところが、中国のそのお坊さんは、そうではなくて、修行というのは、自分が今やらなければいけないことを、どのようなことであれ、一所懸命にやることなのだと答えたのです。道元禅師は、その

建長寺仏殿への道（撮影／原田寛）

時には気がつきませんでしたが、あとで、パッと気がつく。目覚めたのです。カルチャーショックを受けたのです。

それで、そのあとどうなるかというと、中国から修行をして日本に帰ってきます。みんなが中国に行ってどのような素晴らしい学問、勉強をしてきたか、何を持ってきたかと聞いたときに、道元禅師が答えた言葉が、「眼横鼻直《げんのうびちょく》」、目は横に、鼻はまっすぐ、要するに「そのままがあたり前が素晴らしい」と言ったのです。彼は生活の当たり前のこと素晴らしさに目覚めて帰ってきたのです。

今まで中国に留学に行っていたお坊さんたちは、奈良時代や平安時代のころは、日本にいろいろなお経をたくさん持ってきて、比叡山や高野山に入って、それを一生懸命勉強したのです。今までは、そのようなものが、修行だと思っていたのです。道元禅師は修行とは学問やお経の勉強をするだけではなく、人間そのものの姿、普通の生活、日常の生活をしていくことにある。それが修行、禅の教えだと示したかったのでしょう。この辺のことをみなさんに何となく感じてもらえると、いいなと思っています。建長寺を開かれた中国人の禅僧、蘭渓道隆の目指したものも、これと全く同じことだったと思えます。

## 修行道場に入門を許される

さて今度は、実際に、今の禅宗はどうなっているのかという話をします。お寺の生活はどのようなことをやっているかということを含めて紹介してみましょう。

かくいうわたしも、実は昔、早稲田大学の教育学部で国文学の勉強をしていまして、研究室に残って勉強していました。うちのおやじはとても苦労してお坊さんになって、東京の羽村というところのお寺に入り、そのお寺を復興していきました。わたしは、小さいときからそのような両親の苦労した姿を見ていますから、おれがいずれお寺を継がないとまずいのではないかとは思っていました。それで、大学を休学して、二年ほど修行してくると、僧侶の資格が取れたので、先生にわけを話して、この世界に入りました。

ところが、修行道場に入って二年が過ぎようとしているころに、いいかげんな気持ちでお寺のお坊さんになってはまずいのではないか、と思うようになりました。それでそのまま建長寺で修行をして、六年ほどいて帰ってきました。大学のほうは休学ということで、その後、正式に退学手続きをしました。

この僧堂という修行の道場への入門の作法が、とても厳しいのです。入門の時、頭には丸い網代笠というのをかぶって、自分の食器やお経の本や頭をそる道具などをひとくくりにした袈裟文庫を持って、修行道場に行きます。足はもちろん草鞋《わらじ》ばきです。

そこで、入門の最初の作法は、修行の道場の玄関で入門を請うのです。そのときに、修行の道場の玄関で廊下に両手をついて、大きな声で「頼みましょう」と言います。そうしても、人はすぐ出てきません。「頼みましょう」を二、三べん繰り返して、頭を上げずにうつぶせでいますと、ひたひたと人が近寄ってくるのです。

「いずれより」と聞かれ、「どこのだれだれです」と答えます。「何用で」「当道場で修行をさせていただきたくまいりました」。そして、そこに自分の入門の願書や誓約書や念書を全部置いてありますが、それを係りの僧が持っていき、しばらくすると、その僧が戻ってきます。「当道場はただいま満員です。あなたのような立派な方が修行をする道場では、ここはありません。ほかに僧堂も多々あるので、足元の明るいうちにどうぞお引き取りください」と言われます。朝八時ごろ、そのようなお願いをするので、そのやりとりの後、しばらくほうっておかれるのです。何も言ってきません。

それで、ずっと、じっとしています。お手洗いは使わせてくれ、ご飯は食べさせてくれます。これがいわゆる「庭詰め」です。それが終わって、夕方になると、「本日は夕方になりましたから、一泊はさせてあげましょう」と言って一泊させてもらいます。

次の日もまた朝ご飯が終わると、玄関に坐りこみます。「どうぞお引き取りください」と言ってきますが、ここで帰ってはいけないのです。玄関にずっと坐りこんで、入門を請います。それが二日目のことです。実際、じっとしているというのは、すごく大変です。

それが終わると、今度は「旦過詰め《たんがづめ》」といって、一部屋の中で壁を見て、ずっと座禅をします。反対側の障子は全部開けてありますから、外を通る人には分かるわけです。だからごまかすことはできません。でも、坐禅というのは、最初は足がこらえきれないぐらい痛いのです。そうして、三日間過ごします。三日間過ごすと、やっと「あなたも相当修行をしたいという気持ちがあるようですから、入門を許します」と言って、許してくれるのです。

## 禅寺での厳しい修行の日々

実は、この入門というのは、ペーパーテストではなくて、肉体のテストなのです。あるいは心のテストです。だから、そのようなことに耐えられるか、耐えられる心があるかどうかを試すのです。

それで、本当にここでガラッといろいろなことが変わってきます。今までは、頭で考えて、言葉で考えて、何かいろいろ小ざかしいことを考えていました。そのようなことが通用しない世界に入ったのだということを、身をもって体験させられるのです。

修行道場というのは、更に厳しいのです。とにかく一分でも先にこの世界に入った人が、先輩なのです。一分でも先に入った人の言うことは、全部聞かなくてはいけません。どれほど間違ったことを言っていても、「はい、はい」と全部聞くのです。先輩は、わたしがいたときに八人ぐらいでしたが、人によって結構言うことが違うのです。そうすると、われわれは団塊の世代ですから、生意気が止められないのです。しかし、我慢しなくてはいけないのです。

では、実際に日常の生活はどうかというと、朝、夏は起きる時間が、三時半、冬は普通で、四時ごろです。夜寝る時間は大体十二時です。これはうそではありません。ただ、夏は昼寝ができます。でも三十分ぐらいです。それで、朝起きると一時間ぐらい朝のお勤めをみんなでやって、そのあと二時間ぐらい坐禅をします。そして独参といって、ご指導をしてくれる師家（老師）がいますから、その人のところに一人一人行っては、みんな課題を与えられます。その課題（公案）を自分で一生懸命心身で考えて、答えを持っていくわけです。でも、ほとんど答えになっていません。

それから、托鉢に行く日と労働する日があります。托鉢に行くときは、五、六人で一緒に行くわけですけれども、それから帰ってくると「作務《さむ》」といって、労働をします。僧堂は全部自分たちで生活を成り立たせていかなければいけませんから、そのための仕事を全部自分たちでやります。

そして、夕方五時ごろ、また夕方の坐禅をして、一ぺん九時に寝ます。でも、それで終わりではありません。それが終わると、今度は、みんな自分の坐禅用の布団を持って、めいめい「夜坐」といって、夜の坐禅をするのです。これは先輩から順にやめていきます。一番目の先輩が十一時ごろやめると、続いて二分か三分おきにやめていきますから、先輩たちが三十人もいると、終えるまで九十分はかかることになります。そうすると、新入生が布団に入れるのは十二時半ごろになってしまいます。それでも夏は、三時半に起こされるのです。

## 日本の礎を創った禅文化

そのようなこととの繰り返しの中で、さっきの道元禅師の教えのままに、「他はこれ我にあらず」「さらにいずれの時を待たん」を実践していきます。果てしなくこれを続けていき、禅の修行というものを、全部自分の体の中に、心の中に入れていくわけです。それから、公案というものをやりながら、知識的なものもきちっと身につけて悟りというか気づきの手立てにしていくわけです。

三年ぐらいすると、大体、僧衣が身についてきます。六年ぐらいが一番いけないのです。ひととおりいろいろなことが分かってきますから、自信過剰になってきます。だから、六年ぐらいで修行をやめるのが、一番まずいのです。それで、十年は修行をしなさいといいますけれども、いろいろお寺の事情がありますから、三年ぐらいで帰る人が多いのです。

厳しい坐禅の修行（撮影／原田寛）

修行の目的は何なのかというと、それは簡単なのです。どのような世界に行っても、どのような場所に行っても、自分のことは全部自分でできるようにしようということです。だから、人間が生きていく上で必要なことを、全部自分で身につけていこうというのが禅の修行の目的です。

井沢元彦さんの書いた『逆説の日本史』という本の中に、日本を自立した近代国家にしたのは、禅の思想だとあります。自分に与えられた環境の中で、他人に任せないで、自分でしっかりやっていくこと、最大限に自分を生かしていくというのが、禅の思想です。道元禅師や蘭渓道隆をはじめとするたくさんの僧侶や参学の人のおかげで、この考え方が日本に定着したのです。そして、日本は世界でも非常に優秀な人間を作り上げることができました。わたしは、多分、「一日なさざれば一日くらわず」などといった禅の考え方が、日本人の生活を裏打ちしているのではないかと思っています。

一番大事な禅の思想は、みんな自分自身の中に素晴らしいものを持っている、備わっているという考え方です。自分の存在の素晴らしさに目覚めて、自分を使っていくということが大切なのです。この目覚め方は個々ばらばらでいいのですけれども、わたしがその中で一つこれだけは分かってほしいと思うのは、みんな一人一人が自分自身のありがたい存在に目覚めてくださいということです。その目覚め方、発見の仕方を教えてくれたのが禅ということになります。

以上、このようなことが、禅の姿です。鎌倉に入って来た禅が建長寺の蘭渓道隆禅師、円覚寺の無学祖元禅師の指導の下、日本の禅の源流となり、日本全国に展開し、明治になって円覚寺から釈宗演老師や鈴木大拙居士が登場し、いよいよ日本の禅が世界の禅へと展開してゆくことになります。これからの世界でも禅の精神はよりいっそう人々の心と生活の糧となってゆくことでしょう。

**著者略歴**

高井正俊（たかい　しょうしゅん）
建長寺派教学部長三期十二年を経て、三期十二年宗務総長を務める。宗禅寺住職。主な著書に『日本の古寺⑥まるごと建長寺』（四季社）、監修に『建長寺―そのすべて』（大本山建長寺）。

# ありがとうの人生

足立大進

## 幸せを受け取る器

眠り得ぬものに夜は長く、疲れたるものに道は遠し。

これは有名な『法句経』の言葉です。私は普段、草むしりや山の草を刈ったりして、汗を流していますので、布団に入るとぐっすり眠れるのです。ところが、原稿を書くという慣れないことをしていると、途中で目が覚めて眠れない。私のこの心境を見事に表してくれている『法句経』というのは、やはり、すばらしいお経だとしみじみ感じました。

安らかに眠り、力強く生きるために私たちはどうすればいいか——、これを考えてみたいと思います。ある日、新緑の鮮やかな円覚寺を歩いておりましたら、女性の観光客から声をかけられました。「ちょっと伺いますが、いま聞こえているうぐいすの声は本物でしょうか？」と。うぐいすの声が、テープかなにかで観光客のために流されているとでも思われたようです。

様々な季節の花が咲き、鳥が鳴く円覚寺の境内で、若い中学生たちの中には、駆け足で、五、六分で走りぬけて、「なんにもねえや、つまんねえ」そういう捨て台詞《ぜりふ》を残して、山門を出て行く人たちもいます。ところが、年配のご夫婦になりますと、お弁当などを持っておいでになって、二、三時間、ゆっくりと新緑の円覚寺を眺めて、そして「もみじの頃もここはいいでしょうね」と、秋の円覚寺にまで思いを馳《は》せて、そして満足気に寺をあとにされる方もいます。つまり、同じ円覚寺の中であっても、受け取りようが様々であるということです。

「心が開いているときだけこの世界は美しい」という言葉があります。花が咲き、きれいな月が輝いていても、私たちの心の中が悲しみでいっぱいであれば、それをありがたいと受けとることはできないのです。心が開いているときだけ、この世界は美しいのです。私は時折、「何か書いてくれ」と頼まれたときに、こういう言葉を書いて差し上げるんです。「花も美しい、月も美しい、それに気づく心が美しい」と。私たちはそういう幸せを受け取る心を自ら持たなければ幸せにはなれない。つまり、幸せを受け取る「器」というのが必要なのです。「器」がないと幸せは受け取れません。

円覚寺入口

私の姉は、西宮の甲陽園というところに住んで居ます。兜山《かぶとやま》の南斜面の住宅地です。一九九五年一月十七日に阪神大震災が起こりまして、断水して、水が出なくなったのです。そしたら、麓《ふもと》に給水車が来てくれました。姉は、入れ物を持って水をもらいに行くことになったわけです。高齢な上に、病弱なものですから、大きな器が持てない。「そのときは、大変残念で悔しい思いをした」と、話をしてくれました。

## 人生の設計図とは何か

人は幸せを存分に受け取る大きな器を備えなければならない。みんな、人生において幸せの青い鳥を求めているのです。ところが、なかなか思うように事は運ばない。

土木や建築などの分野では、最初に設計図というものができ上がれば、その設計図の図面の通りのものが完成します。ですから、ときには完成予想図というようなものが発表されるのです。人は、人生の節目で設計図の書き直しをいたします。誕生、入学、就職、結婚するときには、みんな夢があるのです。

一月に、日曜日のお説教を済ませてしばらくしましたら、八十半ばの老婦人が、「立ち話してもいいから、ちょっと聞いて下さい」とおっしゃいました。「なんでしょうか」と申し上げたら、「孫娘が自殺をしました」と言われました。お父さんは大学教授だそうです。そして一流の大学を出て、一流企業につとめていた娘が、確か二十七歳とおっしゃったと思いますが「『耐えられません』という遺言を残して、自殺をしました。母親はパニック状態になって、今、うつ病で休んでいます」と言っておられました。このお嬢さんが誕生なさったときには、みんなが心から祝福し、幸せな人生を願ったと思うのです。

学校に入学をするときには、誰しも、それぞれの夢を描きます。しかし、登校拒否もあれば、中途退学もあります。就職というときも、新しい夢を持っています。しかし、一年もしないうちに、「俺の性《しょう》にあってねえ」なんて言って、辞めてしまう人もいるわけです。結婚に関しては、みなさんの周りにもいっぱいそういう例があるでしょう。「成田離婚」なんていう言葉もありますよね。

人生というのは、本当に不安なものなのです。どうなるか分からない。設計図通りにはいかない。その不安に私たちはどう向き合っていけばいいのでしょうか。

みなさんが電車やバスにお乗りになって、それが発車してしばらくすると、「事故防止のために急ブレーキを踏むことがあります。お立ちの方はつり革や手すりにおつかまり下さい」と、必ずそういう放送が流れます。つり革や手すり、これらは固定されていて動かないものなのです。ですから、安心を得るためには、動かないものを頼りにすればいいのです。ことは簡単なのです。では、動かないものとは何でしょうか。

## 何があれば安心して生きていけるのか

あるとき、私がお檀家の人たちに話をするときに、こちらからあることを伺いました。「みなさん、何があれば安心して生きていけますか?」と。それで、私はしばらく黙っていました。そしたら、一人のおばあちゃんが、こっちを見てにっこりなさった。この方はわかっているのかなと思いまして、指さしまして「なんですか?」と聞いた。

そしたら、そのおばあちゃん、やおら「やっぱり、お金かね」とおっしゃったのです。銀行や郵便局にちゃんとお金が入っていれば、電気・ガス・水道料金・電話料金もそこから引き落とされます。確かに、お金があれば安心です。しかし、お金があるから、誰かに狙われることもある。お金があるために、仲の良かった兄弟までが、遺産相続の争いを起こすこともある。

みなさんだって、自分の家にお金がないから、今のんびりとここで話を聞いてらっしゃるわけです。しかし、もし何千万もの現金をどっかに隠してきた方だったら、「戸締り大丈夫かしら」と、そういう心配があるわけです。

ですから、このお年寄りが「お金」とおっしゃったけど、私は「お金はだめなのよ」と言いました。「他になにかある?」と伺いましたら、そのおばあちゃん、今度はすぐに、「昔だったら子どもよね」とおっしゃった。子どもが居れば安心だというわけです。昔はどこのうちでも稼業を継いでいました。そして結婚した息子たちも、自分の家で、一緒に暮らします。子どもが居れば安心だったのです。

今朝、私のもとへ来た男性は、子どもが無くて、奥さんと二人だけで暮らしている方でした。しかし、最近奥さんが肺炎で亡くなったそうです。「八十過ぎた老人が、自分で飯の支度をしてるんですよ」とおっしゃいました。

今は子どもが全くあてにならない。お金も子どもも役に立たない、安心できない。そうしたら、私たちは何にすがればいいのでしょうか。

今、大きな地震が急に起きたり、雷がピカピカと光ったりしたら、みなさんも思わず何かにすがりたくなると思います。これが、一神教の宗教のように、神様が一人なら問題はないのです。しかし、日本では八百万《やおよろず》の神と言ったりします。仏様もいっぱい居らっしゃいます。

それじゃあ、どの神様が、どの仏様が一番有力なのだろうかと悩むわけです。もっとわかりやすく言うと、どっちが効き目があるのだろうかと考える。おなかが大きくなったりすると、水天宮さんの御札をもらってきて、大事にします。子どもが入学シーズンになると、今度は湯島の天神様に絵馬を奉納して、お守りをもらってきます。

私の友人が「京都に行く」と言うので、「京都のどこに行くの?」と尋ねたら、「北野の天神さんに行く。娘が受験を控えているから北野まで行ってくる。湯島の天神さんだけだと心もとないから、もっと後押しがあるほうがいいから」と言うのです。私は、「それじゃあ、ついでに太宰府まで行ってきたほうがいいよ」と言ったのです。

円覚寺総門

他にも、伏見稲荷とかあるいは恵比寿さんで願うと商売が繁盛するとか、鎌倉の銭洗弁天でお金を洗うと、それが何倍かに増えるとか言われています。人間は欲張りですね。しかし、たくさんの神様に色々お願いをすると、神様も焼きもちをやいたり、僻んだりするのではないでしょうか。神様だって心があるだろうと思います。「この間まで俺のところに熱心に来とったあいつ、この頃とんとご無沙汰しとる。近頃は、あっちばっかりお賽銭をあげよる。ひとついじわるしてやろうか」ということにもなりかねない。

## 命のルーツを探る

本当の安心、宗教というのは一体何なのでしょうか。安らかに眠り、力強く生きるために、どういう宗教が大切なのでしょうか。仏教では、悟りを求める心を菩提心《ぼだいしん》と申します。では、菩提心を起こすために一番大切なことは何でしょう。

このような言葉があります。「菩提心とは、観無常の心これなり」。観は観音様の観という字です。よく深く観るということですね。つまり、無常ということを、本当に観じないといけないということなのです。

人生の無常、例えば肉親を失ったり、愛する人を失ったりして、命のはかなさにうちのめされると、そこから本当の信心が始まる。

円覚寺で修行をなさった大先輩で、小田原の近辺にある大徳寺派のご住職がいらっしゃいました。非常に厳しい方で、一生質素な暮らしを貫いて、お亡くなりになりました。いつも正論を吐いて、私たちをお叱りくださった方でした。その方がお亡くなりになった後、履歴書のようなものを拝見して、私は納得ができました。

この方は、和歌山県でお生まれになりました。生後二日でお母さんを亡くされました。そし

円覚寺山門へとつづく石段

て、お寺の和尚さんが引き取って育てて、その後、お寺で修行をさせられた。そのいきさつを知って、あのすばらしい和尚の出発点が理解できたような気がいたしました。

お釈迦さまのお母さんは、高齢出産でした。お釈迦さまが生まれて一週間で亡くなられています。お釈迦さまは「どうしてお母ちゃん死んじゃったの?」と悲しみました。このとき、人は死ぬるものであるということが、お釈迦さまの前に大きな壁としてそそり立ったわけです。そして「命って何だろう。今こうして生きている自分の命は何だろう」。こういう疑問の心がどんどん大きくなっていきました。これが、お釈迦さまの修行の出発点なのです。

禅の修行では、こういう言葉を使います。「己事究《こじきゅう》明《めい》」。「己というのは、自分ということです。己れのことを極め、明らかにすると。これが「己事究明」です。自分が今どうしてここに居るかということを、納得できるように説明できる方が、どれほどおいでになりますでしょうか。小さな子どもが「おじちゃん、おばちゃん、私どうして今ここに居るの?」という素朴な質問をしたときに、本当に納得をして、「ありがたいね」と言わせるだけのものを、みなさんはお持ちでしょうか。

自己とはなにか。言葉を代えて言えば、今どうして自分がここに居るのか。今しゃべっているものは、今聞いているものは、なにか。その命の根っこ探しが、禅の修行であると申し上げていい。つまり、禅の修行では、命のルーツを探すのです。

お釈迦さまは、やむにやまれず妻子を捨てて、ご修行に入り、やがて悟りを開かれます。宗教では、キリスト教でも仏教でも、この悟りということは非常に大切です。その悟りを仏教ではこういう言葉で表現をしています。「回心《えしん》」。回《めぐ》る、回転する、回覧板の回という字と心です。

キリスト教では、「かいしん」と読むのですが、仏教ではこれを「えしん」と読みます。その、悟りにあたる「えしん」というのは、一体どういうことでしょうか。私はこれを分かりやすく、「Uターンである」と申し上げているのです。

私たちは通常、「俺が生きている」「今日、横須賀線に乗って、横浜で乗り換えて、私が今ここに来ているんだ」、つまり「私が、私が」と言っているわけです。しかし、本当は、今ここにいる「私」というものは、数えきれないご縁あるいはおかげに支えられて、生かされた命なのです。「俺が生きている」という路線からUターンをして、おかげさまで生かされた命のありがたさに感動して生きる。――これが仏教の生き方なのです。

## 命のありがたさと「妙」

お釈迦さまのお悟りから、仏教は始まっています。仏教以外にも、たくさんの宗教がありますけれども、ひっくるめて言えば、どれも、命というものがいかにすばらしいものであるか、これを問うているのです。今ここに生かされているこの命、つまりご縁のかかわり合いです。おかげの深さといってもいいでしょう。

それを言葉では説明することはできません。お経というものは、全部、命がいかにすばらしいかということを説いています。全部読む必要はありません。ほんの一節でもいい、「ありがたい」という受け取り方で、お経に接していただきたい。

今ここにいただいているこの命というものが、本当にどうしてここにあるかということは、計り知ることができません。見ることもできなければ、聞くこともできません。「妙である」、こうしか言いようがありません。仏教では「妙」という言葉がたくさん出てきます。「妙法蓮華経」の「みょう」。命がどれだけのご縁、おかげをいただいているのか、これは説明のしようがないのです。ただ、「妙だ」と、「ありがたい」としか、受け取りようがないのです。

自分の命というものは、ご縁、おかげをいただいて、この世の中のすべてに支えられているのです。分かりやすく申し上げますと、天秤にかけたら、自分と全宇宙が同じだということです。これがお釈迦さまの悟りなのです。

## 死ぬことのできる人生

私たちの肉体はいずれ滅びます。生老病死、これを四苦と申します。老いる、病む、死ぬる、これらは、誰も避けることはできません。人生の最後に控えているのが、この「死ぬる」、つまり、死という関所なのです。一人残らず通らなければいけない。

ご存知の方もいらっしゃるでしょうが、京都の清水寺に大西良慶《おおにしりょうけい》さんという貫主《かんしゅ》がいらっしゃって、非常に長生きをなさいました。一〇八歳までお元気でした。その方がこういうことをおっしゃっていました。「別に死にたいと思うたかて、死ねるもんやないし、生きたいと思うても生きられへん」と。京都の方ですからこういう調子なんですね。「生きたら生きたとおりにやるし、生か《い》なんだら生か《い》なんだままの話やな」、こうおっしゃったのです。確かに、気持よく死を迎えるというのは、非常に難しい。

「死ぬる」ことができる人生と、死ぬことのできない人生――。みなさまは、どちらを選ばれますか。もう決まりきっているでしょう。死ぬることができる人生の方だと思います。死ねなかったら大変ですよ。そりゃね、年をとらない、若さを失わない、というならば、ずっと死なずに、という方も居るかもしれません。

ですけども、老いるものであり、病む身であれば、死なせてほしいと思うのではないでしょうか。もし死ぬことができなかったら、それこそパニック状態で、今度は「死なせてください」とみなさんは、願掛けをなさるだろうと思います。

私たちのまわりには、ガンの告知を受けて苦しんでいる人もたくさんいます。この間も私の同級生が、「僕ね、ガンの告知を受けて手術しろって言われたんだ。その告知を受けたときにどうしたと思う？　思わず笑っちゃったんだよ」と言っていました。

そのときに、私はこう言うのです。「身内の人に見守られて死ねる幸せがあるんだよ」。強盗に入られて、後ろ手に縛られて挙句の果てに殺されたり、突然トラックにはねられてぺしゃんこになったりすることもあります。そういうことを考えると、ガンの告知を受けて、親しい人たちとお別れを済ませて、死ぬことの方が幸せではないでしょうか。

円覚寺洪鐘（梵鐘）

人生というのは、いわば舞台の一幕なのです。幕が下りなければどうなるでしょうか。いつまでも踊り続けなきゃいけない。映画だって「終わり」とか「ジ・エンド」という字幕が出るから、席を立てるのです。そのときに、自分の命のすばらしさに気がついたら、周りの人に「ありがとう」という言葉が出るのです。私たちは、無念とか残念じゃなくて、「ありがとう」という言葉を残せる人生でなければならないと思う。

## 感謝と奉仕の心で死を迎える

かつて増上寺の貫主で椎《しい》尾《お》弁《べん》匡《きょう》という方がいらっしゃいました。この方には、私も何度かお目にかかったことがあります。師匠の朝比奈老師の学生時代の先

書　足立大進

生でもありました。その椎尾先生の歌に「時は今ところ　足元　そのことに打ち込む命　永久《とわ》の御命《みいのち》」というのがあります。最後に上手に死のうなんて今から考えても、うまく行きはしないのです。今日の一日を本当に力いっぱい生きるということ。これが安らかに眠り、そして力強く生きる一番の方法なのです。

こんな歌もあります。「暑き日に暑がる今日ぞ嬉しけれ　冷たくなりし人に比べて」みなさんは、今、「ムシムシして暑いなぁ」と思っていらっしゃる。しかし、暑いと感じられる命を今ここにいただいているのです。その幸せをまず知っていただきたい。

人間というのは、「～してくれない」と言い出すとおしまいなのです。みなさん、若い娘たちがああしてくれない、息子も何もかまってくれない。「くれない、くれない」と言って暮らしていませんか。こういうのを「くれない族」といいます。それではもったいない。この妙なる命、本当にありがたい命、それに気が付かなければいけません。

大阪の女の方が作られた詩集がありまして、今述べてきたこととの参考になるので、その趣旨を紹介します。

「太陽はいっぱい、いっぱい光をくれる。値段をつけたら、いくらぐらいするのだろう。（あなた方はスーパーで毎日ものを買ってお金払っていらっしゃる）もし太陽にお金を払ったら、いくら払わなければならないだろうか。お月様も、空気も、みんなタダです。だから感謝しなければいけない。奉仕しかありません」

こういう詩です。

そういう命のすばらしさに目覚め、奉仕の生き方をした方には、すばらしい死が訪れるのです。その時に、身近な方の手を握って、「ありがとう」、そう言える人生を送りたいものです。

**著者略歴**

足立大進（あだち　だいしん）

円覚寺派前管長、円覚寺閑栖。主な著書に『もう死んでもいいのですか』（春秋社）、『安心の道しるべ』（春秋社）、『ありがとうの人生』（春秋社）、『即今只今』（海竜社）、『おかげさまいっぱい』（海竜社）。

# 鎌倉大仏と研究の「曼荼羅」

佐藤孝雄

## 謎めく造立の経緯

「露座《ろざ》の大仏」として名高い、高徳院の本尊、「国宝銅造阿弥陀如来坐像《こくほうどうぞうあみだにょらいざぞう》」。世界的にも著名なこの鋳造仏が造立された背景は、未だ多くの謎に包まれています。それでもこの大仏像に関して、その歴史を幾ばくかでも解明し、またその尊容を後世に永く伝えんと、高徳院では、過去二十年間、多くの識者、研究者のご協力も得て、多角的な調査研究を進めてまいりました。本日は、その研究成果をご紹介しますとともに、今後の研究課題もお示し、大仏像が我々にいかに多くの示唆を与えて下さる存在であるかを講じたいと存じます。

そのこと自体大変示唆的にも感じられますが、今日高徳院に座す大仏像の造立経緯は、殆ど史料に記されておりません。北条得宗家《ほうじょうとくそうけ》の正史たる『吾妻鏡《あづまかがみ》』にも、その造立に関する記述は、僅かに一ヵ所、建長四（一二五二）年八月十七日の条に「今日彼岸第七日に当たる 深澤里に金銅八丈の釈迦如来像を鋳始め奉る」という短い一文を見出せるばかりです。

源頼朝《みなもとのよりとも》の遺志を継いだ侍女・稲多野局《いなだのつぼね》が発願し、勧進聖《かんじんひじり》の浄光上人《じょうこうしょうにん》が諸国を行脚《あんぎゃ》して集めた浄財で造立されたという言い伝えこそありますものの、原型作者は不明。その規模からして国家的事業であったと見られるにも関わらず、時の為政者たる北条得宗家が、ほとんどこれを記録していない。高徳院の御本尊たる大仏像はそのように謎めいた鋳造仏であります。

もっとも、今日高徳院に座す銅製の大仏像に先立っては、木造仏も造立されていたようです。その木造仏に関する記述については、先程紹介しました建長四年の記録に先立ち、『吾妻鏡』にも四度に亘り記されています。また、仁治三（一二四二）年に成立したと見られます紀行文『東関紀行《とうかんきこう》』にも、鎌倉に木造の大仏が造立されたことが記されています。この木造の大仏像に加え、何故新たな銅製の大仏像が造立されることになったのでしょうか。幾人かの研究者は、この木造仏が後の鋳造仏の原型とされた可能性があると指摘されています。けれども、『吾妻鏡』の記録により、それを覆う堂宇（大仏殿）も建立、開眼供養《かいげんくよう》までしたことも窺えるその木造仏が、当初より鋳造仏の原型を目的に造立されたとも思えません。興味深いことに、『吾妻鏡』の宝治元（一二四七）年九月一日の条には、「鎌倉大風、仏閣・人家多く以て顛倒《てんとう》・破損す」という記述を確認できます。木造の大仏像もその「大風」で甚大な損傷を受けるに至り、鋳造仏として新造されたのかもしれません。

## 発掘調査から得られた知見

さて、『吾妻鏡』の建長四（一二五二）年八月十七日の条にも、「金銅八丈」と記されております通り、尊像は、当初表面が鍍金もしくは金箔で覆われていたようです。今なお大仏像の両頰にはその痕跡を看て取れます。そして、今日露仏となられている尊像にも、当初これを覆う堂宇《どう》（大仏殿）が存在したものとおもわれます。高徳院の境内には、大仏殿の柱を支えたとおぼしき礎石が、今なお五十六個が残存します（図1）。それらは、いずれも層状節理《そうじょうせつり》が発達した「根府川石」（神奈川県小田原市産の輝石安山岩《きせきあんざんがん》）を素材とし、中には加工・整形時の鑿跡《のみ》

図1　境内にのこる大仏殿の礎石

が残っているもの、上面中心部に柱の芯出しとおぼしき刻みをもつものもあります。

過去二十年間に実施された数ある調査・研究のなか、わけても注目すべきは二〇〇〇年、二〇〇一年に実施されました発掘調査でありましょう（『鎌倉大仏周辺発掘調査報告書』福田　誠編　二〇〇一、二〇〇二年）。世界遺産の構成資産として登録・申請する上で、境内地を史跡指定する必要から実施されましたこの発掘調査では、未だ不明な部分を数多く残す大仏像と大仏殿の造立に関して、極めて重要な知見が得られるところとなりました。

境内地にいくつかの調査区を設け発掘が進められました結果、興味深いことに尊像周囲では、一様に地山に当たる泥岩層の上に斜行堆積する盛土層が確認されました。しかもその層は、ご尊像に向け収束するかのように堆積し、頂部が標高約十三mのレベルで削平されてもおりました。加えて、その盛土層中には、上部径約二mを測る円形土壙の内部に土丹《どたん》と平石を互層に充填し突き固めた、注目すべき遺構群も発見されたのです（図2、図3）。それでは、こうした考古学的事実からは如何なる事柄を読み解けるのでしょうか。

まずもって斜行堆積する盛土については、その性格を考える上で重要なヒントを大仏像の表面に観察することができます。尊像をよくご覧になれば、頭部・身部とも何工程にも分けて作られたことを示す「鋳《い》継《つぎ》」の跡があることに気づかれるはずです（図4）。観察の結果、躰部だけでも七回、頭部正面が五回、頭部の背面側、後頭部側が六回に分けて鋳上げられたことが確認されており、その「鋳《い》継《つぎ》」に場所により三つの工法が使い分けられていたことも分かっています。

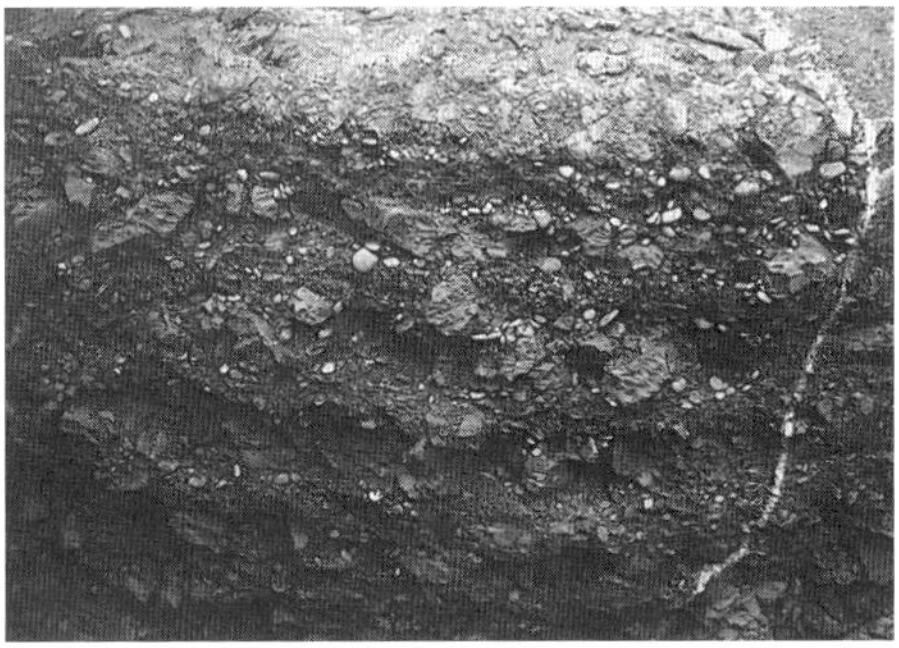

図２　根固め遺構の断面（福田編 2001 より転載）

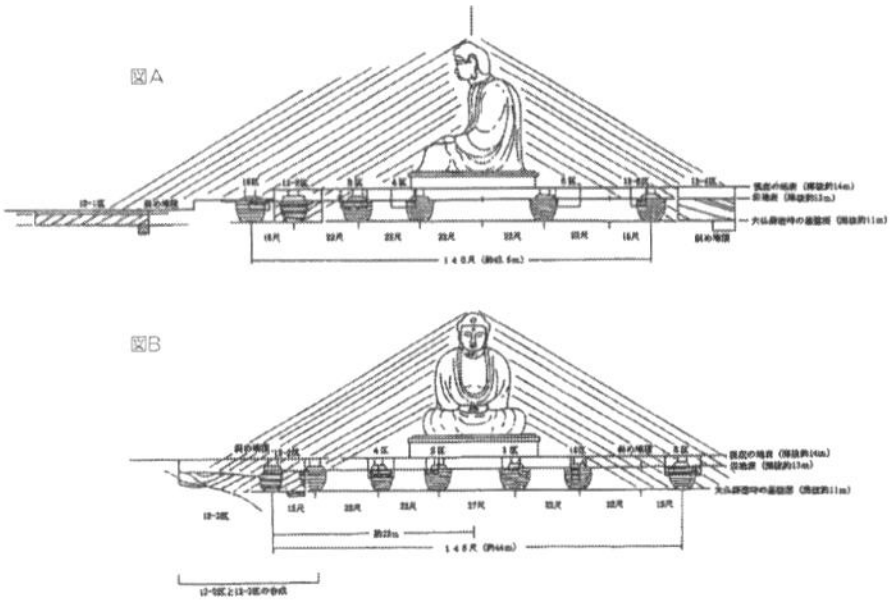


図３　大仏鋳造および大仏殿建立に伴う地業概念図（福田編 2002：図 11 を改変）

　もとより鋳造仏は、粘土の外型と内型とを用意し、その間に溶かし込んだ金属（ご尊像の場合は銅）を流し込むことによって製作されます。そして、その外型と内型を支えるためには、大量の土が用いられます。特に大仏像ほどの大きさともなれば、外型の外側には広範囲にわたり土が積まれたことも想像に難くありません。

　言い換えれば、大仏像を鋳上げる過程では、像をすっぽり覆う小山が築か

図４　国宝銅造阿弥陀如来坐像の正面観・背面観（写真左　撮影／井上久美子）

れるところとなったと推測できるわけです。だとすれば、周囲に斜行堆積する盛土層は、外型を支えるために積まれたと考えてよいでしょう。すなわち、尊像に収束するように斜行堆積したこの盛土層は、尊像がまぎれもなく今日座しておられるその位置で鋳上げられたことを示す証左にほかなりません。事実、そのことを裏付けるように、盛土層の中からは、銅滓《どうさい》、鞴《ふいご》の羽口《はぐち》、鋳型の一部とみられる粘土塊も出土しました。

それでは、その盛土層の中に発見された遺構群は如何なる性格をもつものなのでしょうか。大仏像を鋳造する過程で形成された盛土層は、無論、像の完成後、広範囲に亘って除去され、整地もなされたと推測できます。盛り土層の上部、標高約十三mのレベルに確認された削平面は、おそらく整地を経て作出された往時の境内の地表面なのでしょう。ただ、元来脆弱《ぜいじゃく》な盛土の上に大仏像を覆う堂宇、大仏殿を建立しようとすれば、当然、地盤の強化が欠かせなかったはずです。その観点に立ち、さらに境内にのこる礎石より一回り大きい二m強ぐらいの大きさの円形プランを備えていた点にも鑑み、私たちはこの遺構が大仏殿の柱の下に設えられた「根固め」ではないかと考えるに至りました。

庭石・水盤などに転用されたものも含め今日境内に五十六確認できる礎石は、江戸時代の宝永年間に記された文献に六十存在したと記されております。そこで発見された遺構群の位置と間隔をあわせ、その情報を建築史家に伝えましたところ、すぐさま図面が引かれ、往時柱・礎石が存在したとみられる位置（柱間）が割り出されるところとなりました。

そこで、次年度からはそうした位置のいくつかに新たに調査区を設け発掘調査を継続しました結果、果たして同様の遺構が次々と見つかり、現在、大仏像を取り囲む回廊より一回り大きい、幅約四十四m、奥行き約四十二・五mの堂宇がかつて確かに存在したことが、考古学的に確認されるところとなったのです（図5）。

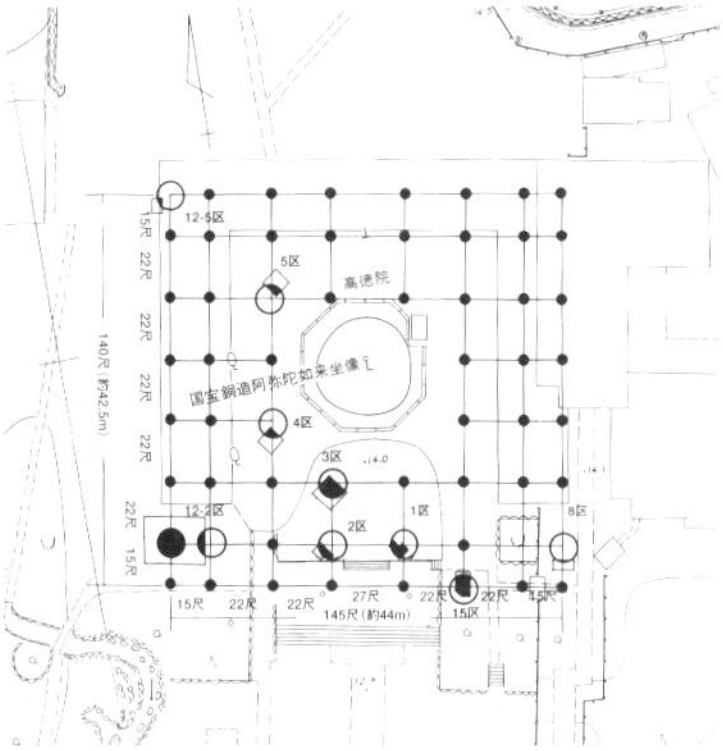


図5　大仏殿の柱間図（福田編 2002：図4を改変）

ちなみに、それら根固めの遺構に含まれておりました平石につきましては、地質学者の松島《まつしま》義章《よしあき》先生が精査を重ね、昨年その結果を『神奈川地学』という学術誌に報告してくださいました（松島二〇一〇）。その報告によりますと、根固めに用いられていた平石は、いずれも現在の相模川河口沿岸に分布する海浜礫と酷似した形状値を示し、組成比・重量比などの結果も踏まえると、現在の茅ヶ崎市白浜町から藤沢市の辻堂西海岸に至る範囲で採取されたとみてよいそうです。

また、発掘調査を通して、大仏像周辺の地層からは瓦が発見されませんでした。このことから、往時存在した大仏殿の屋根は桧皮葺《ひわだぶき》か柿葺《こけらぶき》だったとみて間違いありません。

## 過去の災害と今後の備え

それでは、かつて存在したその大仏殿は一体いつ如何なる理由で消え失せるところとなったのでしょうか。『太平記』と『鎌倉大日記《かまくらおおにっき》』といった年代記には、この堂宇が建武元（一三三四）年と応安二（一三六九）年の二度に亘り、「大風」によって倒壊したことが記されております。『太平記』建武元年八月三日の条には、倒壊した大仏殿の下敷きとなり、堂宇内に居合わせた軍兵五百人余りが圧死したとの記述も確認できます（図６）。もっとも、それら「大風」による破堂・倒壊が生じても、大仏殿はその都度修復されたようです。けれども、大仏殿の存在は、一四九五（明応四）年を最後に年代記に確認できなくなります。『鎌倉大日記』の同年八月十五日の条には、大地震に起因する津波がこの大仏殿まで押し寄せてきたことを窺わせる記述がみられます。一般に「明応地震」とよばれ、相模トラフを震源とする可能性も指摘されているこの巨大地震。その際発生した津波が高徳院の境内にまで押し寄せていたことを明示する地質学・考古学的証左こそ得られていませんが、この地震により甚大な損害を被った後、堂宇が再建されることはなく、以来尊像は露仏となられたとみてよいでしょう。

　無論、大仏像が震災に見舞われたのは、明応年間の一度だけに留まりません。露仏となられた後も尊像は、元禄十六（一七〇三）年、宝永四（一七〇七年）にも大地震に見舞われ、大正十二（一九二三）年に発生した関東大震災でも、台座の一部が崩れるなど、少なからぬ被害を被られるところとなりました（図7）。ただ、八幡宮の舞殿はじめ鎌倉市内の多くの社寺の殿堂が倒壊した関東大震災の折にも、大仏像自体が致命的な損傷を受けることはありませんでした。つまり、津波により堂宇こそ失われたものの、大仏像は、創建から七六〇年間余りの間、幾多の大地震を経てなお、ほぼ当初の尊容を保ってこられたわけです。そして、近年、この点は、地震工学や保存科学・文化財科学を専門とする研究者達の関心も集め、大仏像をして幾多の大震災からの損壊を免れることを可能ならしめた要因のひとつに、境内地のもつ地盤特性も注目されるに至っています。

図６　『太平記』（神奈川県立金沢文庫蔵）に描かれた大仏殿の損壊状況

　二〇一〇年末、中村豊先生（東京工業大学連携教授）らによって実施された境内地常時微動の調査からは、興味深いデータが得られています。周知の通り、地面は絶えず人体に感じないほどに微動を続けており、地上に置かれた台座やさらにその上に座しておられる大仏像自体もその振動の影響下にあります。そのことを踏まえ、無感微動を境内各所で計測、振幅パターンの異同が調査された結果、境内地の地盤の強弱に地点によってすくなからぬ違いがあり、特に南東側に震災時液状化による地盤変状が生じる可能性が高い軟弱地盤が存在することが確認されたのです（中村ほか二〇一〇）。

稲瀬川の右岸に位置する境内には南東側に沖積地が広がる一方、一部山裾も開削・確保された同北西側に基盤岩（新第三紀の三浦層群逗子層）の露頭も認められること。その点を考えれば、この結果は当然と言えますが、微動調査に基づく地盤評価の正確さは、折しも二〇一一年三月に発生した東日本大震災の被害によっても裏付けられるところとなりました。

二〇一一年三月十一日、都内で帰宅難民となりました私は、翌日自坊に戻るやいなや、境内の被害状況を確認致しました。その結果、大仏像の南東に位置する石灯篭が悉く倒れているのに対し（図８）、尊像の北西奥に位置する墓地に一切の被害なく、墓石も全て倒壊を免れている様を目の当たりにすることとなりました。

この現象は、沖積層と基盤層とで強振動の伝わり方が大きく異なることを示唆してくれます。そして、その実体験も踏まえ、関東大震災の折の被害を改めて写真（図７）で確認しますと、台座の崩壊は南西側ほどひどく、ご尊像が南西側に沈下・傾斜していたことに気付かされます。こうした損壊の状況もおそらく地盤変状によって生じたものだったのでしょう。

けれども、「昭和の大修理」の折には、この点が充分に考慮されることなく、強振時、横揺れによって衝撃が吸収されるよう、大仏像と台座との間にステンレスの板を敷くという免震対策が講じられました。それゆえ、大地震の発生時、これまで以上に顕著な地盤変状が生じると、上記の免震対策がかえって仇となり、尊像が台座から滑り落ちてしまう恐れもあります。

もっとも、この地盤変状には大仏像に沈下や傾斜、台座からの滑落ももたらす一方、衝撃を吸収し強振動を抑制する作用もあるそうです。尊像が座しておられる位置が、偶然にも、ちょうど固い基盤層と軟弱な沖積層の境目に当たる位置に座しておられること。幾多の大震災に遭われてなお、大仏像が壊滅的な損壊を免れてきた一因は、こうした地盤特性にも求められるのかもしれません。いずれにしましても、こうした地盤変状による台座の崩壊も視野に入れた震災対策は、尊像の保全を図る上での急務と言えます。

図７　関東大震災による被災状況
（鎌倉市立図書館蔵）

図８　東日本大震災で倒壊した石灯籠
（2011年３月12日撮影）

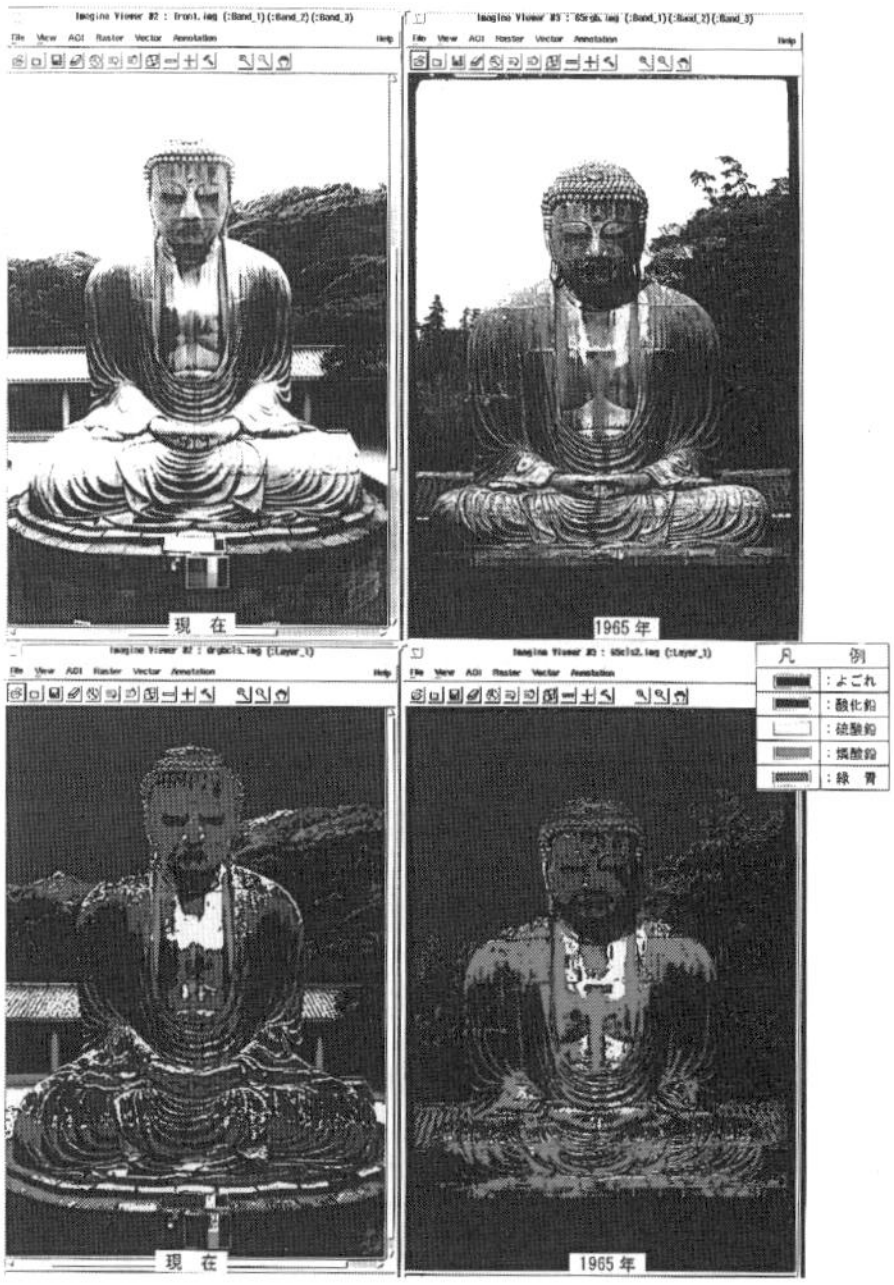

図9　画像処理によって把握された大仏像表面腐食状況の経年変化
（東京文化財研究所編 1996 より転載）

## 露仏ゆえの保全の課題

露仏である尊像の保全を考える上では、自然災害以外にも気に掛けなければならない問題があります。酸性雨などによる仏体の腐食もそのひとつです。過去二十年の間には、大仏像の腐食の進行状況を確認する調査も継続的に行ってきました。図9は、カラー写真の画像から大仏像の表面を構成する化合物の違いを解析した結果を示したものです。昭和四十（一九六五）年に撮影された写真を解析してみますと、尊像表面の広範囲にリン酸塩が付着していることがわかりました。これは、おそらく当時境内に多数飛来、尊像の頂部で羽も休めておりましたハトの糞に由来するものでありましょう。

幸い、その後、市内のハトの生息数が減少するにともない、今日このリン酸塩は一部を除き大部分が雨水によって洗い流され、限定的に分布するのみとなっておりますが、鳥類がご尊像に与える影響は決して小さくありません。

無論、大仏像の表面を覆う化合物につきましては、こうした画像解析のみならず、実際に尊像の一部からごく微量の試料を採取する方法によっても試みられております。東京文化財研究所の青《あお》木《き》茂《しげる》先生は、尊像の五十九箇所から腐食生成物を採取し、蛍光X線によって分析、構成元素の計量化も試みてくださいました。その結果、尊像の大半が、緑青《ろくしょう》の基本成分たるブロカンタイト $CuSO_4$・3Cu、安定した銅化合物にして進行性の腐食から大仏像を保護する、言わば「良い錆」で覆われていることが確認された一方、酸性雨など環境汚染物質と化合して生じる進行性の「悪い錆」、アントレライト $CuSO_4$・$2Cu(OH)_2$も少量発生しており、尊像の一部が強酸性の環境にさらされていることも明らかになりました。

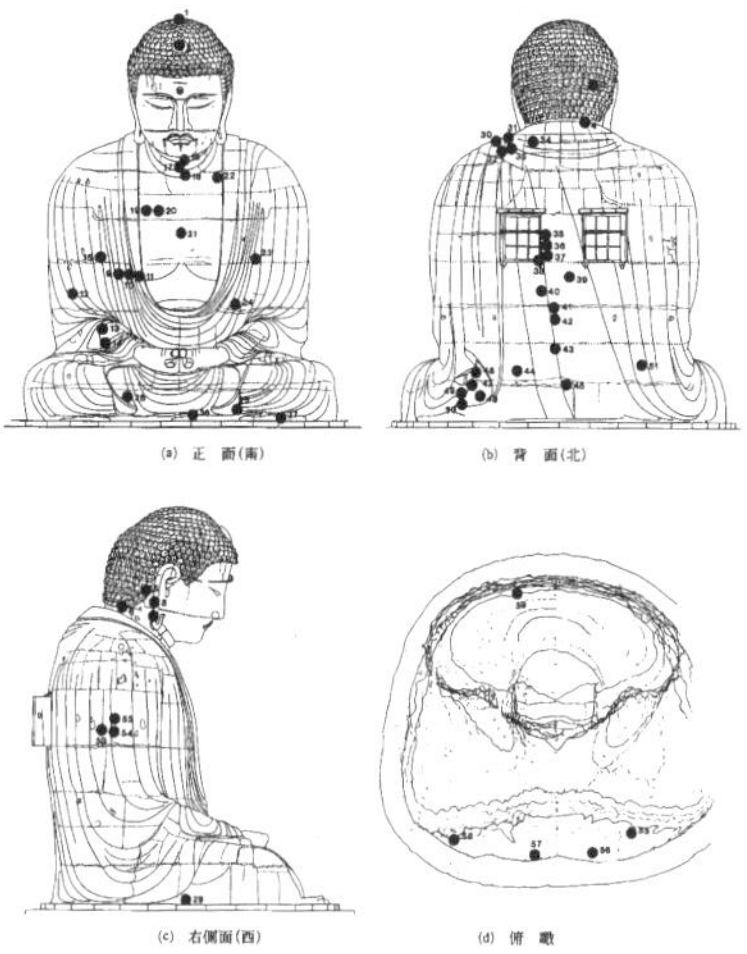


図10　腐食生成物の採取位置
（東京文化財研究編1996より転載）

しかも、そのアントレライトは、興味深いことに、尊像の正面（南面）のみならず、背面（北面）と右側面（西面）に目立つことも確認されました（図10）。境内に吹く卓越風は南風。なぜ北背面と右側面に進行性の錆が多く生じているのか。その原因に迫るべく、青木先生らは、高徳院も域内に抱える長谷の谷戸の百分の一スケールの模型を作成、風洞実験も実施してくださいました。その結果、谷戸奥に位置する高徳院境内では風が渦を巻き、特に霧雨の場合、大仏像の右側面、背面に雨滴が纏わりつくことも分かりました。露座である尊像の保全を図るに当たっては、こうした微気象を考慮することも不可欠となります。

その観点に立って一〇年ほど前までは客殿の屋上に百葉箱《ひゃくようばこ》を設置。先生方には境内周辺の微気象の観測も依頼し、定期的に集水された雨水の成分の変化も調べていただきました。その結果、幸い当時は「奈良・京都ほど大気汚染の影響が深刻ではない」とのことでありましたが、昨今、隣国で放出された環境汚染物質が、黄砂などとともに相当量飛来しているものとおもわれます。それだけに、同様の調査を近くまた再開する必要性を強く感じる次第です。

## 今後の調査・研究課題1（大仏像の鉛同位体比）

以上、過去二十年間に亘って実施した調査・研究成果の一端をご紹介して参りましたが、今後取り組みたい仕事も数多あります。

尊像の各部から微量な銅サンプルを採取し、分析することもそのひとつに挙げられます。口伝によれば、尊像は勧進聖の浄光上人が諸国を行脚して得た銅銭が用いられたとも言われておりますが、その真偽については未だ充分な検討がなされておりません。「昭和の大修理」の折、尊像の頸部を強化プラスティック（ＦＲＰ）で補強した際、採取された銅サンプルの鉛同位体比が宋銭のそれと比較もされておりますが、何分大きな鋳造仏です。一部分のサンプルの同位体比に安易に代表性をもたせることは慎まなければなりません。

図11　明治・大正期に撮影された古写真（高徳院蔵）

先に述べた通り、尊像は何工程にも分けて鋳上げられ、完成までに多くの歳月を要したものと推測されます。それだけに各部に使用された銅の由来が違う可能性は十分考えられるところとなります。さらに言えば、尊像には、江戸時代にも、一部の鋳掛け修復がなされた箇所があります。よって、そうした修復箇所からも微量な試料を採取できれば、成分比の異同をもとに、これまた詳細が掴めていない江戸の修理事業の実態に新たな知見が得られることも期待できるでしょう。

## 今後の調査・研究課題２（古写真）

大仏像と高徳院の近現代史を理解する上で、古写真の研究にも取り組んでみたいと考えております。実は、高徳院には明治・大正期に撮影された乾板写真が多数のこされております（図11）。ご承知の通り、明治・大正期を通じて、鎌倉・江ノ島には横浜に滞在・居住した外国人の多くが訪れ

図12　広葉樹が繁茂する今日の「後光山」
（2004年 井上久美子撮影）

る観光名所となっておりました。その状況下、明治・大正期、高徳院では、檀家をほとんどもたぬが故の経済的困窮を少しでも打開せんと、来院される外国人観光客を相手に記念写真を撮影し、幾ばくかの収入も得ていたようです。

おそらく、関東大震災の折にその大半が割れ、処分されたのでしょう。ガラス乾板自体は数十枚程しかのこっていませんが、幸いにも、その所産たる貴重な紙焼き写真が今なお二百枚以上残存。それらについては既にデジタルの画像データとしても保存してあります。

横浜市開港記念館のコレクションなどとも照合すれば、同古写真に写る外国人の幾人かはおそらく人物特定できることでしょう。そして、人物特定ができれば、来日・滞在期間から自ずと撮影された日時や年代も判明し、これら古写真の歴史資料としての価値はさらに高まるものと期待できます。

図らずも大仏像を中心に一定の画角で撮られている古写真は、環境史に関心を抱く私にとっても示唆に富む資料にほかなりません。と申しますのは、それら古写真にはいずれも、尊像の背に後光山《ごこうやま》が映し込まれており、その植生の変遷も確認することができるからです。二〇〇四年に撮影されたこの写真（図12）を見てもお分かりいただけます通り、今日、高徳院周辺も含め鎌倉の里山には、コナラ、イヌシデを始めとする落葉樹、スダジイ、タブの木をはじめとする照葉樹が密生しています。しかしながら、明治・大正期の古写真からは、往時の山の植被が今日とは大きく異なり、マツを中心とした疎林であった様子が窺えます（図13）。

　ここで指摘したいのは、マツを主体とした疎林が、かつて鎌倉の里山のごく一般的な植被であったことを示す歴史資料が多数存在する点です。江戸後期の名所案内、『鎌倉攬勝考《かまくららんしょうこう》 巻之七』に描かれた高徳院の境内図からも、往時、高徳院周辺の山々がマツを中心とした疎林に覆われるばかりであった様子が窺えます（図14）。

　加えて、境内で実施された発掘調査の折には、調査区内から花粉化石も採取されるところとなりました。その分析結果によれば、鎌倉の里山の植被が十三世紀の前半から後半にかけてスギ林と、アカガシ亜属、シイノキ属―マテバシイ属を中心とする照葉樹林からニヨウマツ類（マツ属複維管束亜属）を主体とする二次林へと急速に変化

図 13　マツが目立つ明治・大正期の御光山（高徳院蔵）

図 14　『鎌倉攬勝考巻之七』に描かれた大仏像と境内地
（蘆田 1958 より転載）

した様子も確認されるに至っています（鈴木二〇〇一、鈴木・藤根二〇〇二ほか）。すなわち、中世から近代に至るまで、鎌倉の里山は一貫してマツを中心とした疎林に覆われていたと考えてよいわけです。

ご承知の通り、マツは他の多くの植物種にとって生息に不適な環境となる海浜、岩山などに根付く陽地性の先駆植物（pioneer plant）であり、腐植土が溜まるような環境下では、すぐさま優勢種に駆逐されてしまいます。そのマツが十三世紀、鎌倉の里山に出現するようになったのは、もとより、この地に幕府が開かれたことと無関係ではないはずです。

往時、政治の中心地となり、多数の人々が暮らすところとなった中世の鎌倉では、彼らの暮らしを支える薪炭材や建材が周辺の山々から大量に切り出されていたに違いありません。木々が伐採され、樹間が広がり、林床に日が差すところとなった里山には、もとより陽地性のマツが育つ余地が生まれたことでしょう。また、樹脂に富み、燃料として強い火力が得られるマツは、好んで植林されたのかもしれません。やがて鎌倉幕府が滅び、都市から再び東方の一村へと変貌する段となっても、薪炭材、建材は切りだされ、また落ち葉も肥料・燃料として積極的に利用されるなか、二十世紀前半に至るまで、疎林が維持されるところとなりました。

その疎林が今日のような広葉樹の密生林へと姿を変えたのは、無論昭和三十（一九五〇）年代に始まった燃料革命、そして化学肥料の普及によって、人々が里山を利用しなくなったことに因ります。元来荒地を好むマツは、里山の樹木と落ち葉が利用されなくなり、林床に腐植土も形成されるに至り、広葉樹に駆逐されてしまいました。その結果、野生樹にとっては食料も得やすく外敵からも身を隠すにも困らない、誠に好適な環境が出現するに至りました。今日、鎌倉でタイワンリスやアライグマといった外来獣が増殖しておりますのも、こうした植生の変化と分かち難く結びつく現象にほかなりません。

一説によれば、鎌倉に数多生息するタイワンリスは、一九五〇年代に江ノ島のさる施設から逃げ出した僅かばかりの飼育個体群に端を発するといわれます。果たしてそうだとすれば、当初逃げ出した個体群が命をながらえ繁殖し得たのは、折しもその頃、広葉樹が繁茂し始めた里山にニッチを見出せた偶然に因るといえましょう。仮に鎌倉周辺の里山が当時なおマツを主体とする疎林に被われるのみであったなら、彼らはまたたく間に猛禽類などの餌食となり、死に絶えてしまったかもしれません。今日私達が目にする生物景観が人の営為と自然の営力に織りなされた偶然の産物であること。高徳院が所蔵する明治・大正期の古写真は、そのことも教えてくれる環境史の貴重な教材ともなります。

## 今後の調査・研究課題3（外国人による紀行文）

もとより、ほぼ例外なく人物も映し込まれているそれら古写真は風俗史という観点からも注目される資料となります。ここに示した写真（図15）などを眺めておりますと、画角にとらえられた数多の外国人が、大仏像や往時の鎌倉にいかなる印象を抱いていたのかという点にも興味が湧いてきます。

実際、幕末以来、この地を訪れた外国人のなかには、大仏像や高徳院に対する印象も綴る紀

図15　明治・大正期に撮影された古写真（高徳院蔵）

行文などを残した人物も少なくありません。その意味からすれば、大仏像は、「日本研究（Japanology）」と呼ばれる分野においても、興味深い研究対象となりましょう。

一例を挙げますなら、かのPatrick Lafcadio Hearn（小泉八雲）は、大仏像に関する印象を次のように記しています。

日本民族の道徳的な理想主義が体現されているのが、あの素晴らしい鎌倉の大仏様であるように私にはおもわれる。「深く静かにたたえられた水のように穏やか」といわれる大仏さまの慈顔に込められているものは、かつて人の手が作り出した、他のどんなものにも比べることのできない「こころの安らぎこそ、最高の幸福である」（法華経）という永遠の心理であろう。

（『新編日本の面影』ハーンP．L．／池田雅之訳（角川書店）二〇〇〇年より抜粋）

また、十九世紀末から二十世紀初頭に活躍した英国の小説家・詩人にして、『ジャングルブック』や『少年キム』などを著した児童文学作家としても名高い、Joseph Rudyard Kipling も一八九二年の初来日の折、高徳院を訪ね、以下の詩を詠んでいます。

傲慢という罪に捉われず
他の宗教の教義と僧侶を貶めないものなら
広い東洋を蔽う東洋の魂を
この鎌倉で、この御仏に感じることができよう

大仏などは観光用の見世物、単なる伝説
黄金の剝げかかった青銅の塊
それだけ、いやそれ以下としか、きみたちには
鎌倉の意味は映らないのか

だが朝の祈りを終え

法外な儲けを狙う戦へと出かけていく前に、考えてみたまえ
きみらが崇める神の子のほうが
鎌倉の大仏より身近だと、きみには確信できるのか

（『キプリングの日本発見』キプリングJ．R．／コータッツィH．／ウェッブG．編／加納孝代訳（中央公論社）二〇〇二年、「鎌倉の大仏」より抜粋）

勿論、上記の記述は一例にすぎず、すべての外国人がよい印象ばかりを記しているわけでもありませんが、その内容によらず、外国人による記述を集成し、大仏像に向けられた眼差しを比較する作業もまたひとつの仕事になると考えます。

## 鎌倉大仏と研究の「曼荼羅」

以上、大仏像に関して、過去二十年に亘り実施してきた調査・研究成果の一端を紹介し、今後取り組みたい課題についても言及いたしました。はなはだ雑駁な話となってしまいましたが、本日話した内容のみからも、大仏像の研究がいかに多領域にわたり、また重要であるかをご理解いただけたのではないでしょうか。

実際、過去と未来、自然と文化という二軸を考えるなら、大仏像はまさにその交点に座し、人文社会科学から自然科学に至るまで実に多くの学問分野の研究対象となる存在にほかなり

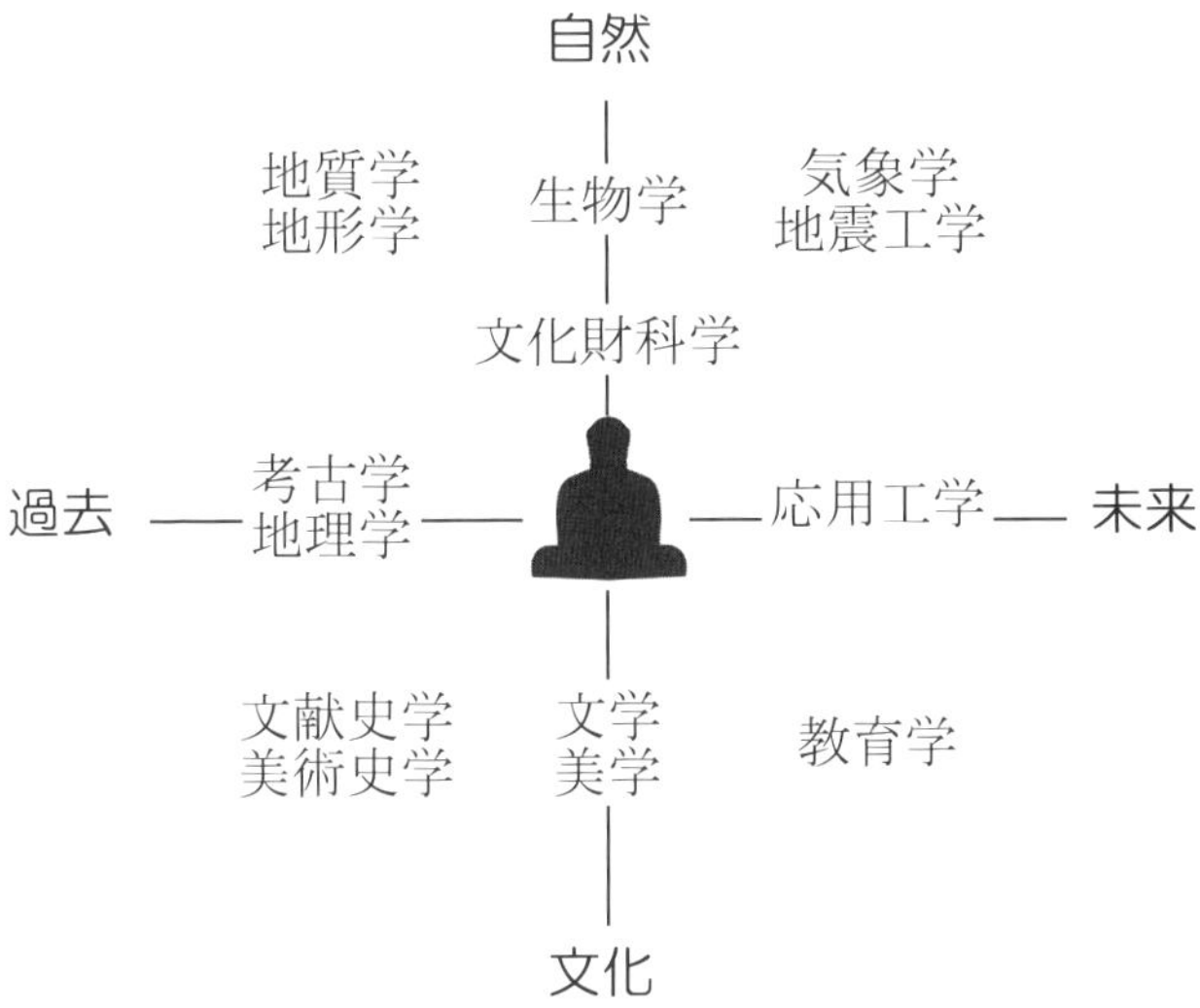


図16　鎌倉大仏と研究の「曼荼羅」

ません。主たる研究対象の違いに応じて、諸学をそれら二軸に分かたれた四象限に配してみると、あたかも大仏像を中心に研究の「曼荼羅」が描けるようにもおもえてきます（図16）。

それだけに、大仏像の研究には、今後さらなる多角性、学際性が志向されなければなりません。この点を指摘し、講義の結びといたします。

**著者略歴**

佐藤孝雄（さとう　たかお）

鎌倉大仏殿高徳院 住職、慶應義塾大学文学部教授。主な著書に『シラッチセの民族考古学』編著（六一書房）、『クマとフクロウのイオマンテ』共著（同成社）、『人と動物の日本史1動物の考古学』共著（吉川弘文館）、『青森県下北郡東通村 尻労安部洞窟I―二〇〇一～二〇一二年度発掘調査報告書―』共編著（六一書房）。

文献

蘆田伊人　一九五八　新編鎌倉志　鎌倉攬勝考、雄山閣．
鎌倉市教育委員会（編）二〇〇七　史跡鎌倉大仏殿保存管理計画書、鎌倉市教育委員会．
キプリングJ．R．／コータッツィH．、ウェッブG．（編）／加納孝代（訳）二〇〇二　キプリングの日本発見、中央公論社
鈴木　茂　二〇〇一　高徳院境内の花粉化石．福田　誠（編）、鎌倉大仏周辺発掘調査報告書、鎌倉市教育委員会、二八―三二頁．
鈴木　茂・藤根　久　二〇〇二　高徳院周辺遺跡の花粉化石．福田　誠（編）、鎌倉大仏周辺発掘調査報告書、鎌倉市教育委員会、二六―三三頁．
東京文化財研究所　一九九六　文化財における環境汚染の影響と修復技術の開発研究―鎌倉市における調査の中間報告資料．
中村　豊・井上修作・森井順之・大町達夫　二〇一〇　鎌倉大仏およびその周辺地盤の地震動特性調査．首都圏大震災軽減のための実践的年地震工学研究の展開平成二一年度（二〇一〇年）成果報告シンポジウム予稿集．五一―五八頁．
ハーンP．L．／池田雅之（訳）　二〇〇〇　新編日本の面影、角川書店．
福田　誠（編）　二〇〇一　鎌倉大仏周辺発掘調査報告書、鎌倉市教育委員会．
福田　誠（編）　二〇〇二　鎌倉大仏周辺発掘調査報告書、鎌倉市教育委員会．
松島義章　二〇一〇　鎌倉大仏殿の礎石地盤を固める版築に使われた海浜礫の採集について．神奈川地学、七八号、三―一二頁．

# あとがき

東京駅から四十五分ほど横須賀線に乗ると、大船駅を過ぎるあたりから風景は一変します。右手にこんもりした森が見えはじめ、列車はその緑の中に吸い寄せられていきます。そして、緑したたる小さな嶺々が連なっている風景の中をしばらく走り続けると、北鎌倉駅に到着します。すると、もうここは、別乾坤《べっけんこん》の世界、聖域に入ったことに私たちは気づくのです。

鎌倉は一口に武士の都といわれていますが、都会からの旅人には、緑豊かな、信仰に支えられた聖地・安らぎの里であるように思われます。鎌倉はなによりも都会暮らしの者たちが、ほっとひと息つくことのできる近場のオアシスなのです。

しかし、最近は交通の便がよくなり、関東一円のみならず、関西からも若い男女が、鎌倉の魅力を見つけようと押し寄せています。実際、鎌倉駅の東口に立っていると、さまざまな方言が聴こえてきます。

鎌倉への観光客の数は、季節によってばらつきはあるものの、最近では年間二千万人ほどにのぼるといわれています。大変な数です。訪鎌の定番は、寺社めぐり、歴史遺産めぐりが主ですが、最近はそれに花めぐりと食べ歩きが加わりました。

しかし、鎌倉に一番ふさわしい楽しみ方は、やはりまち歩き、山歩き（山とはいえ低い山です）だと思います。京都や奈良とちがって鎌倉はこぢんまりした古都なので、お目当ての寺社もあらかじめ調べた歴史遺跡も、ほぼ一日、二日で見て回ることができます。

本書は「日本人の原風景シリーズ」の第三弾で、書名を『鎌倉入門』としました。十三名の執筆者により、読者の皆さんの鎌倉めぐりを、より楽しく、より味わい深いものになるように、いろいろと工夫を凝らしてみました。

鎌倉という土地には、日本の精神文化の祖形や原風景が、今も息づいています。読者の皆さんにはまち歩きを楽しみながら、鎌倉という文化風土がいかに今日の日本人の心や魂を養い、生活の作法をかたちづくってきたかを、本書から読み取っていただければ幸いです。

『鎌倉入門』は二〇一一年の秋、早稲田大学エクステンションセンターで行われた鎌倉講座と二〇一五年の鎌倉円覚寺での夏期講座の一部を基にして誕生したものです。原稿をお寄せ下さった諸先生に心よりお礼申し上げます。

講座のコーディネーターと編集は、伊藤玄二郎さんと私がつとめさせていただきました。原稿整理をお手伝いくださった早稲田大学国際言語文化研究所の小林亜紀子さん、龍谷大学博士研究員の唐澤大輔さん、関東学院大学講師の原良枝さん、また、かまくら春秋社の田中愛子さんのご尽力にも感謝申し上げます。

編集作業は「日本人の原風景シリーズ」の第一弾、第二弾にひきつづき、かまくら春秋社の大羽幸子さんにお願いいたしました。ご協力いただいた方々の名前をすべて挙げることはできませんが、皆様に感謝申し上げます。

二〇一六年（平成二八年）春

池田雅之

**伊藤玄二郎**（いとう　げんじろう）
星槎大学教授。関東学院大学教授、早稲田大学客員教授を経て現職。専門は日本近代文学、出版メディア論。著書に『風のかたみ』（朝日新聞社）、『末座の幸福　鎌倉編集日記』（小学館）、『子どもに伝えたい日本の名作』（かまくら春秋社）、『言葉は踊る』（かまくら春秋社）。編著に『道元を語る』（かまくら春秋社）、『シーボルト植物図譜』（小学館）、『氷川丸ものがたり』（かまくら春秋社）など。鎌倉ペンクラブ会長。かまくら春秋社代表。

**池田雅之**（いけだ　まさゆき）
早稲田大学教授・同国際言語文化研究所所長。専門は比較文学、比較基層文化論。著書に『ラフカディオ・ハーンの日本』（角川選書）、『100分de名著 小泉八雲 日本の面影』（NHK出版）、『イギリス人の日本観』（成文堂）、『複眼の比較文化』（成文堂）他。編著に『古事記と小泉八雲』『お伊勢参りと熊野詣』（以上、かまくら春秋社）、翻訳に『新編 日本の面影』『新編 日本の面影Ⅱ』（以上、角川ソフィア文庫）など。NPO法人鎌倉てらこや理事長を経て、現在、顧問。

---

早稲田大学国際言語文化研究所

日本人の原風景Ⅲ
鎌倉入門

編著者　伊藤玄二郎
　　　　池田雅之
発行者　伊藤玄二郎
発行所　かまくら春秋社
　　　　鎌倉市小町二―一四―七
　　　　電話〇四六七(二五)二八六四
印刷所　ケイアール

平成二十八年五月二〇日　発行


ISBN978-4-7740-0680-2 C0095